# 自律的人生更自由

小椰子 著

古吴轩出版社

图书在版编目（CIP）数据

自律的人生更自由 / 小椰子著. -- 苏州：古吴轩出版社, 2020.5（2023.3重印）
ISBN 978-7-5546-1517-1

Ⅰ. ①自… Ⅱ. ①小… Ⅲ. ①自律－通俗读物 Ⅳ. ①C933.41-49

中国版本图书馆CIP数据核字（2020）第048836号

责任编辑：黄菲菲
策　　划：监美静
装帧设计：仙境书品

| 书　　名： | 自律的人生更自由 |
|---|---|
| 著　　者： | 小椰子 |
| 出版发行： | 古吴轩出版社 |
| | 地址：苏州市八达街118号苏州新闻大厦30F |
| | 电话：0512-65233679　邮编：215123 |
| 印　　刷： | 天津鑫旭阳印刷有限公司 |
| 开　　本： | 880×1230　1/32 |
| 印　　张： | 8.25 |
| 字　　数： | 123千字 |
| 版　　次： | 2020年5月第1版 |
| 印　　次： | 2023年3月第2次印刷 |
| 书　　号： | ISBN 978-7-5546-1517-1 |
| 定　　价： | 46.00元 |

如有印装质量问题，请与印刷厂联系。022-22458633

# 目录 CONTENTS

## NO.1 真正的自由，从来不是随心所欲

002 / 一味放纵，并不会让你感到更快乐
008 / 任何形式的"低配"，都会拉低你的人生质感
014 / 想要什么样的生活，就付出什么样的努力
021 / 别做积极策划者、低级执行人
026 / 自律的人生，并没有你想象中那么痛苦
029 / 真正的强者，从小就是自己人生的掌控者
035 / 自律，才能带来真正的自由

## NO.2 所谓自律，就是更庄重地对待自己

046 / 持之以恒地奋斗，你会遇见更好的自己
052 / 戒掉"重口味"，生活更丰盈
058 / 用对时间，你的人生可以更超值
062 / 投资自己，是一生的修行
067 / 养生可以，但千万别盲目
073 / 没有什么比好好睡觉更重要
079 / 与其讨好别人，不如取悦自己

## NO.3　自律，是消除痛苦的重要途径

086 / 不纠缠，是一种人生大智慧
092 / 与其躺到病床上后悔，不如现在就做出改变
096 / 精简社交圈，还自己的世界一份清静
103 / 守好原则和底线，不做任人拿捏的"软柿子"
108 / 远离无理性的"善人"，避免被侵害的人生
114 / 宁可一个人寂寞，也别两个人凑合
119 / 珍惜当下，别让遗憾吞噬你的人生
125 / 节制过高的物欲，才能摆脱经济上的焦虑

## NO.4　足够自律，才有选择的权利

132 / 强行合群，不过是在丧失自我
139 / 善于依靠自己的人，从来不怕被辜负
144 / 经济独立，将帮你解决人生的大部分问题
150 / 持续完善自己，你会看到生命的无限可能
156 / 优化收入结构，生活越过越轻松
163 / 坚持独立思考，你的人生将不再盲从
169 / 提高逆商，是对困境最后的突围
174 / 咬牙熬过深沉的苦难，你的人生将触底反弹

## NO.5　自律的程度，决定你人生的高度

182 / 生活有多将就，生命就有多平庸
187 / 富养自己，抓住你的人生增值期
194 / 冲破惯性思维，你会活得更从容
199 / 告别无效囤积，跟不必要的烦恼说再见
205 / 收起控制欲，是收获美好关系的前提
210 / 内在丰盈，才能拥抱真正的优雅

## NO.6　余生，请将自律修炼成本能

216 / 无法控制情绪的人，终将被情绪吞噬
222 / 给大脑留白，才能做自己大脑的主人
228 / 谦卑待人，实则是在尊重自己
232 / 想拥有大格局，先别贪小便宜
239 / 摒弃病态的宽容，别做伪善的"好人"
246 / 愿你多为他人着想，培植最基本的教养
251 / 随时纠正坏习惯，你会蜕变成最好的模样

# NO.1
## 真正的自由，
## 从来不是随心所欲

自律的人生更自由

## 一味放纵，并不会让你感到更快乐

### 01

几年前，看过一位作家的一篇文章。她说，她在二十几岁的那几年，胃口好得出奇，从来不知道节制为何物：每天深夜和朋友在烧烤摊相聚，喝酒吃肉，肆意欢笑；在家里研究各种美食，口水鸡、糖醋排骨、干锅肥肠……吃得满嘴油光；热衷于吃自助餐，四两一盘的羊肉她能轻轻松松吃掉八盘。

有一次，她和一个朋友一起去餐厅就餐，朋友看着她吃鸡翅的样子惊呆了，对她说："你吃东西的样子太可怕了，完全不知道节制自己的欲望。"

那个时候的她，体重从100多斤暴增到130多斤，父亲

## NO.1 真正的自由，从来不是随心所欲

担心她嫁不出去，为此忧心忡忡。为了让父亲安心，她决定减肥。减肥这件事，一开始真的很难，因为节食就是在与人最原始的欲望对抗。然而，当她开始适应之后，她喜欢上了"微饿"的状态。在这种状态下，她的大脑更加清明，身体也越来越轻盈。

在节制的生活中，她前后瘦了将近40斤。饥饿就像一把刻刀，慢慢雕刻出她真实的轮廓，她更加发自内心地欣赏全新的自己。节制也让她从平凡生活中获得了更大的满足感。一碗玉米楂粥，她能喝出谷物的香气；一碗热气腾腾的米饭，浇上一点点肉酱就是人间美味。她戒了自助餐，不再那么爱吃肉，对咸的、辣的等重口味的食物也开始觉得腻。自律，让她享受到节制的快感，开始品尝出食物本真的味道。

## 02

朋友小妮在新闻行业工作，几乎每个工作日都会加班到深夜。因为工作时间太长，所以她格外珍惜下班回家后的时间，于是，熬夜成了她生活的常态：半夜还在看电视剧、喝奶茶、吃泡面……经常玩到深夜两三点钟才恋恋不舍地去睡

觉，早上7点又要早早地起来工作。

这种状态持续了不久，睡眠严重不足的小妮就开始脱发、长斑、频发口腔溃疡。毫无节制的欲望耗尽了她的精力，慢慢毁掉了她的健康。

当她发现昂贵的护肤品都拯救不了自己糟糕的皮肤时，她终于开始寻求改变了：给落地窗安上深色的窗帘；清理掉家里的垃圾食品；每晚早早地关掉电脑和手机，在轻柔的音乐声中做一套舒缓的瑜伽动作，让身体充分放松；睡前泡脚，喝一杯温热的牛奶，靠在床上看半小时的杂志，保证自己在夜里11点之前进入梦乡。

当我再次见到她时，发现她大大的黑眼圈不见了，整个人的气色都好了很多。

日本文学家大宅壮一说过："一个人的脸，就是一张履历表。"

早睡真的比任何护肤品都有用。

当你放纵欲望，直到身体被拖垮，才意识到自律的重要性时，一切已经来不及了。你凝视深渊的时候，深渊也在凝视着你。就如作家李银河所说："即使在最忙碌的时候，也应

## NO.1 真正的自由，从来不是随心所欲

当是清醒的，使自己对自身的欲望处于自省、自觉和节制的状态。"

爱自己的第一要务，就是通过自律，爱惜自己的身体。

### 03

在我更年轻的时候，如果有人跟我说人要自律，我一定会嗤之以鼻。那时候的我，不懂节制的重要性，认为生活就应当潇洒恣意，想吃的东西一定要放开肚皮去吃，想爱的人一定要不顾一切去爱。直到放纵成为生活的常态，我才惊觉它并没有让我变得更快乐。

有段时间，我经常在深夜吃各种快餐。明明刚吃过一份鱼香肉丝盖饭，却仍抑制不住地想吃鸡排，于是又买了鸡排和奶茶。我把食物一口接一口地往嘴里送，吃到最后连自己都开始厌恶这样胡吃海塞的自己。可是，第二天却又继续这样的恶性循环。当时刚大学毕业，可自由支配的时间比在学校的时候多出了很多。我可以每天将热播的综艺节目轮番看个遍，可内心却远远不如当初去图书馆自习，再回到宿舍看一集电视剧充实；常常和朋友唱歌、喝酒到半夜，可内心却

越来越孤独、空虚……

节制的本质就是认识自己。只有自律，才能让你洗尽铅华，遇见最本真的自己，收获最纯粹的快乐。

后来，我不再无节制地吃很多东西，而是学会了享受食物最原本的滋味：我慢慢地咀嚼每一口米饭、每一根青菜，只要一点点美味就足以让我心满意足；我不再盲目地追求别人拥有的东西，而是让心灵沉静下来，做些对自己来说更重要的事情；我开始倾听内心的声音，渐渐地爱上了有规律的生活。我终于明白，人只有懂得了节制的美好，才算真正弄懂了优质人生的内涵。

## 04

日本女孩木下佑香，身高不高，看起来小巧可爱的她，一顿却可以吃下6斤拉面，而此时她的体重还不到90斤。好多人都羡慕她那种吃不胖的体质，渴望能像她一样胡吃海喝却长不胖。然而，连续大吃大喝一段时间之后，木下佑香明显胖了很多，不但脸变得圆润了，连手指也开始变得肥嘟嘟的。对此，她说："我最近整整胖了14斤。随着年龄的增长，

## NO.1 真正的自由,从来不是随心所欲

我的基础代谢能力变差了,平时又不爱运动,所以慢慢就变胖了。"当暴饮暴食成为习惯后,量变终将引起质变。人总要为自己的放纵行为付出相应的代价。

月满则亏,水满则溢。不懂节制的人,总是在内疚、焦虑和无尽的悔恨中煎熬度日。而自律,才是正确的自救方式。自律可以让我们更懂得珍惜生活中的每一份感动,获得心灵上的满足。

一味放纵,并不会让你感到更快乐。"花未全开月未圆"或许才是最好的人生境界。

自律的人生更自由

## 任何形式的"低配",都会拉低你的人生质感

### 01

一次,朋友林菲在微信上找我聊天。她发了一张工资条的照片过来,特别激动地说:"你能想象我现在的工资是多少吗?我刚才都气到浑身发抖。"我放大了照片仔细看,"实收工资"那一栏,赫然写着:2500元。

林菲是从上海辞职回老家的,她是985高校的毕业生,上一份工作的月薪是1万元。之前那份工作虽然在许多人看来光鲜无比,可在老家的父母眼中却一无是处。他们总是打电话给林菲:"女孩子一个人在外打拼太辛苦,不如早点儿回来找个稳定的工作。"他们还告诉她,家里的长辈可以给她安排

## NO.1 真正的自由，从来不是随心所欲

一份不错的工作。林菲动摇了，毕竟她也受够了拥挤的地铁、高强度的工作和漂泊无依的生活。于是，辞职回老家的她，拿到了稳定的每月2500元工资。

她悔不当初地说："我好像已经一眼看穿了我今后的人生：每天在单位里碌碌无为；找个条件相当的男人嫁了，在合适的年纪生个小孩；肚子上渐渐堆满赘肉，脸上渐渐爬满皱纹……"

林菲的经历让我唏嘘不已：一个人若总是降低标准，追求安逸，那么他的人生只能越过越"低配"。习惯"低配"，只会迅速拉低你的人生质感，导致你的人生道路越走越逼仄、越晦暗，最终庸碌一生。

## 02

曾在地铁上听到两个大学生模样的年轻人有一搭没一搭地聊天。"你昨晚几点睡的？""2点吧。躺在床上看视频，没注意时间，不知不觉竟看了3个小时。""我也差不多2点才睡。跟舍友一起组队玩游戏来着。"男生哈欠连天，明显的眼袋和大大的黑眼圈暴露了他晚睡的事实；女生也萎靡不振地

靠着扶手柱，百无聊赖地盯着手机屏幕。

当代的一些年轻人，也许早就习惯了这样的生活：顶着大大的黑眼圈对着手机和电脑的屏幕，日复一日地在短视频里虚度人生；网络段子张口就来，却忘了自己有多久没有好好看过一部好书了；为现状焦虑不已，却不肯跳出舒适区，没有勇气改变自己；做什么事都只是三分钟热度，终日浑浑噩噩、随波逐流；总是自我设限，扼杀自己的潜力。

这样的人，在虚拟世界里一片美好，现实生活却一团糟。作家李尚龙说："一个天天在家睡觉的人，永远不知道在跑步机上的人也有另一种幸福。"天天沉溺于虚拟快感、活得浑浑噩噩的人，永远不知道在学习和工作中拼尽全力是一件多么快乐的事。

## 03

竭尽全力去过"高配"的人生，有多痛快？

职业足球运动员C罗，曾在网络社交平台上发过一段视频：他穿着白色上衣和运动裤，边跑步边跳舞，展示了自己的健身日常。已经30多岁的他，身体年龄更像20多岁，体

## NO.1 真正的自由，从来不是随心所欲

脂率从未超过7%，岁月仿佛没有在他身上留下痕迹。

为了能长期保持高水准的身体状态，生活中的C罗极其自律。他一直保持着每周3天、每天4小时的高强度训练，集体训练总是提前到达，最晚离开；晚上11点前睡觉，拒绝任何形式的晚睡，每天保持10个小时的睡眠；严格控制饮食，吃的都是低糖、低脂的食物，常年吃白水煮鸡肉，几乎不饮酒。控制欲望、意志坚定、坚持不懈，这些优秀品质成就了C罗，让他成为世界上屈指可数的顶级球员。

## 04

曾看过这样一个问题："每个宿舍里，那个曾经总是最早起床的人后来怎么样了？"有人以自己的舍友为例做出了回答："一个大学舍友连续四年坚持早起、跑步、晨读、吃早饭、给我们宿舍其他人占教室前排的位置。自控力超强，我们整个专业的人都由衷地佩服她，连辅导员都知道她的自律事迹；四、六级英语考试都是高分一次通过，专业成绩一直名列前茅；社团里布置的任务总是会积极完成，一步一个脚印地从小干事一直做到社长；后来从二本学校考研进入专业

前三的985院校，因表现突出，在那所985院校直接硕博连读；读博期间恋爱、结婚，她老公是她的博士师兄，毕业后两人去了同一所重点大学教书，同时继续搞科研；住房也有了着落；就连两人的孩子将来也可以接受更好的教育。从社交平台的动态点滴可以看出，他们夫妻二人惺惺相惜，都是靠着在学校读书时的勤奋上进，一步步闯出了属于自己的天地。双方家庭均属最普通的农村家庭，订婚、结婚时的照片里，夫妻双方和家长都笑得非常朴实。这应该算是我看到过的最真实、最励志的改变命运的人了。"

向上的路，其实并不拥挤，然而大部分人都选择了安逸。如果一个人总是用将就的态度搪塞自己，那么最终只会越来越庸常。反之，如果一个人总是精进努力、精益求精，最终必将改写自己的命运。

## 05

最近，朋友圈里流传着这样一段话："你背单词时，阿拉斯加的鳕鱼正跃出水面；你算数学题时，太平洋彼岸的海鸥正振翅掠过城市上空；你上晚自习时，极圈上的夜空正散射

## NO.1 真正的自由，从来不是随心所欲

着斑斓的光。但是，少年你别着急，在你为自己的未来踏踏实实地努力时，那些你曾以为永远不会看到的景色，那些你曾觉得终生不会遇到的人，正一步步向你走来。"

我想象不到在这个星球上发生的很多美好的事，所以我才要更努力。习惯"低配"，只会让你一直过着自己不想要的人生；而竭尽全力去过"高配"生活，你才能看见一个不一样的色彩斑斓的世界。

自律的人生更自由

## 想要什么样的生活，就付出什么样的努力

**01**

数年前，武汉某高中一名学霸的寒假作息时间表在网上疯传。在这份作息时间表上，学霸的学习时间被安排得满满当当，每天从早上6：40起床到晚上入睡，除了吃饭以外，几乎所有的时间都在学习。即使是春节去亲戚家拜年，他也不忘见缝插针地安排自己的学习计划。而这张作息时间表的标题是"不是成功来得不够快，而是对自己不够狠"。这份作息时间表不但赢得了很多家长的青睐，而且被新华社的官方网站转载。许多人惊叹："学霸的寒假真不一般，果真是一分辛苦一分才。"

## NO.1 真正的自由，从来不是随心所欲

据说，这名高中生家境贫寒，父母都是普通劳动者，根本无暇顾及他的学习和生活。他的早餐一般就是一碗稀饭和一个馒头，午餐都是不超过4元的饭菜。因为家离学校较远，他就住在学校免费提供的宿舍里，每天坐在楼梯的灯下学习到深夜。他深知，人生没有寒、暑假，没靠山的孩子必须非常努力，才能让将来的生活不再那么费力。

曾经做过一项关于985院校学霸的作息表的调查。清华大学某学霸，每天早上6点起床，上课之余还不忘听英文广播、复习微积分和锻炼身体，生活被安排得充实又高效。浙江大学某学霸，也是每天早上6点起床，他每个时间段的学习都被精确到几点几分，可谓分秒必争。更令人震惊的是，这名学霸不但成绩好，还多才多艺，尝试过驾驶轻型飞机，学过潜水，甚至成立了自己的服装品牌……

对这些人来说，他们非常享受这种严格的作息安排，享受在高度自律下高效学习、生活的感觉。了解了他们全力以赴的求学态度，我才意识到，所有成功光环的背后，都有严苛到极致的自律。

## 02

偶然观看过一部纪录片，片中一个农村女孩的遭际给了我很深的触动。

很多年前，在一个山旮旯里，女孩全家一个月的生活费不超过50元。每天早上，女孩用冷水泡馍当简单的早饭，匆忙吃几口就得赶紧去上学，崎岖而漫长的山路容不得她浪费一分一秒；放学后，她还要喂猪、做饭、干农活，一切都收拾好了才能开始做作业。

她心中曾有一个梦想：以后要去北京读大学，毕业后去打工，每个月要挣上1000元——在她看来，1000元已经是一笔很丰厚的收入了。她说，她想给家里买白面，因为家里的面粉总是不够吃；还要给家里打一口井……然而，在当年偏远农村落后思想的影响下，年纪轻轻的她只能辍学。用她父亲的话讲，女孩子迟早都是要嫁人的，书读多了没什么用。

年少的女孩只能外出打工。可是学历不高、没有任何技能的她，找工作处处碰壁，根本没有人肯用她。看不到任何出路的她只能匆匆嫁给了同村村民。村子里跟她一样大的几

## NO.1 真正的自由，从来不是随心所欲

个女孩，人生大致也是如此，她们几乎都早早地嫁了人、怀了孕、生了娃儿，永久地被禁锢在那个贫穷的小山村里。

在你看不到的角落，有多少孩子做梦都想要拥有汲取知识的机会。对他们来说，知识就是前方的灯塔和前进的阶梯，也才是真正的未来。

### 03

全国某知名重点中学的开放日，一位父亲举着输液瓶，带着正在发高烧的年幼的女儿前去参观。面对采访的记者，父亲说："我们做父母的没文化，但是希望孩子能有文化，盼望她以后能考进这所学校。"

视频上传到网上后，对这位父亲的举动，许多网友表示不能理解："带着发高烧的女儿去参观学校，怎么这么病态呢？""把自己的希望寄托在下一代身上，未免太自私了吧！"……

网友们的态度可以理解，但是冷静下来想一想，考入这种全国知名的重点中学，确实是很多学生改变命运的重要途径。用很多人认可的话说，考进这所中学，就相当于"一只

⌈自律的人生更自由

脚迈进了名校的大门",这是他们改变命运的关键通道。

那么,在这所中学就读的学生们,究竟有多努力?

清晨5:50,天还没亮,学生们已经集合完毕,一边大声朗读,一边等待晨跑;6:05,晨跑完的学生们开始在教室里晨读,每个人都是站着读,以防自己打瞌睡;7:05,匆匆吃完早餐的学生们开始上早自习,为下一节课做准备;12点整,学生们跑步冲向食堂,生怕自己因晚人一步而浪费时间;下午2:05,下午的课开始了,所有同学都集中精神听老师讲课;晚上9:50,晚自习结束,学生们跑着回宿舍,抓紧时间洗漱,为的是赶在熄灯前能多学习一会儿。

为了节约时间,这所学校的学生都是用小跑代替走路;女孩子们都是清一色的短发,因为根本没有时间打理头发;为了能多学习一会儿,他们晨跑时都不忘背古诗、英文单词,连在食堂排队打饭的短短几分钟都要争分夺秒地学习……

"越努力,越幸运"的道理,在这帮拼命读书的孩子们身上体现得淋漓尽致:这个中学考入清华大学和北京大学的学生人数,多年来一直保持全国第一。可见,这个世界上的任何成功,都要靠踏踏实实、一步一个脚印的努力才能获得。

## NO.1 真正的自由，从来不是随心所欲

## 04

某著名歌手在其母校清华大学演讲时，曾说起这样一件事：有一年冬天，一个普通的星期六，天很冷。宿舍里两个学习较好的男生7点多就起床了，他们洗漱的声音吵醒了宿舍里一个学习稍微差一点儿的同学。被吵醒的人看了看匆匆忙忙的两个人，问了一句："周六还去上自习？至于这么刻苦吗？"那两个男生没理会，收拾好就出门了。过了一会儿，这个被吵醒的男生也收拾好东西，去上自习了。

还有一次，宿舍里的两个男生争执了起来。他们争执的内容不是生活琐事，而是有关尼采和叔本华的哲学问题。他们各执一词，为那个哲学问题争执不下，甚至之后的好几天谁也不理谁。这场争执中的其中一个男生，后来获得了清华大学德语竞赛最佳奖，同时还自学了法语、日语，并能熟练地掌握英语。

刻苦读书，把自己"逼"进好学校，和优秀的人在一起，真的很重要。在一个优秀的圈子里，你也会用相对严格的标准来要求自己不断努力。慵懒的人，抱团取暖；优秀的人，互相促进。

自律的人生更自由

## 05

上海交通大学有一名年近五十的宿管阿姨——原梦园，她早上10点上班，晚上10点下班，连续3年旁听该校的课程。700多个日日夜夜，她坚持背单词、自学网络课程，几乎所有的休息时间都在学习。很多人都劝她："何苦呢？你的年龄已经不适合再学习了。"但她不想妥协，她拼命读、拼命记，不断练习。

最后，原梦园考研成功，被广西大学汉语国际教育专业录取，而她儿子也在同一年成为复旦大学研究生。面对媒体，她只是微笑着说了这样一句话："你只管努力，想要的未来就在前面等着你。"

努力，永远不嫌晚！走出自己的舒适区，去挑战自己的潜力，这样你才能不再庸庸碌碌地原地打转。很多人一生都在寻找成功的捷径，可他们却忘了，想要什么样的生活，就必须付出什么样的努力。只有脚踏实地、永远不放弃提升自己的人，才配得上丰富、充实的人生。

建议你为自己的人生，放手搏一次！

## NO.1 真正的自由，从来不是随心所欲

## 别做积极策划者、低级执行人

**01**

有人曾说起过自己在清华大学"蹭课"的见闻：每次下课，老师都会被问问题的学生团团围住；食堂里，两个学生吃饭时，一直在讨论一个实验，后来索性把餐盘一丢，拿出草稿纸列方程。对此，他感慨道："清华大学的学生，对学问的追求竟是如此纯粹、虔诚。"

凡是优秀的学生，几乎都有源源不竭的学习动力，他们或怀有对民族文化的深切认同、对历史责任的勇敢担当、对家国命运的不尽忧思，或怀有纯粹的、虔诚的、无尽的求知欲，或怀有崇高的人生理想并且明确知道自己所要抵达的人

生高度。他们是一群在知识的海洋里尽情尽力畅游的学子。

相反，有的学生则整天混日子，"60分万岁"，拿着父母的辛苦钱挥霍无度，以游戏的态度对待生活；总做着有朝一日飞黄腾达的美梦，连一节课都不肯用心听……简而言之，"间歇性踌躇满志，持续性混吃等死"是他们的通病。他们想得多、做得少，完全无法控制自己的欲望，是标准的"积极策划者、低级执行人"。

## 02

我有一个表妹，因高考发挥失常而被一所二本院校录取。我有一次出门办事，恰巧路过她的学校，就去宿舍看了看她。已经上午10点半了，却还有两个同学睡得正香，另外两个同学一个蒙着被子玩手机，一个坐在床上慢吞吞地吃早餐。我问表妹："你们早上不用上课吗？"表妹一边涂指甲油，一边漫不经心地说："我们早上有课，可是这个课老师不点名，所以我们都不去。"原来，只要是不点名的课，她们除了考前画重点会去上一次课，其他时候都是能逃课就逃课。

在中国，有一些大学生在"假装上课"。他们上课发呆、

# NO.1 真正的自由，从来不是随心所欲

睡觉、聊天，为现状焦虑却不想改变自己；下课看视频、打游戏、混迹于社交网站，终日对着手机和电脑的屏幕；不想学习，不愿社交，沉迷安逸，放纵自我。

《精进：如何成为一个很厉害的人》中有这样一句话："一个年轻人，进入一所不那么优秀的高校，对自己的标准会不由自主地降低，以适应这个环境，减少自身与环境的冲突。而这种做法，对他们的人生也许是致命的。"

看过一份关于当代大学生时间分配的调查数据：有82%的大学生，将空闲时间奉献给了网络休闲活动。男生通宵组队打游戏，女生熬夜看视频、刷娱乐新闻。曾经的意气风发和生机勃勃，逐渐在堕落的环境中消磨殆尽。

## 03

四川某大学的一个男生宿舍，宿舍中的6个男生共拿到17所国内名校的保研录取通知书：其中1人放弃清华大学录取资格，准备出国；2人保研清华大学，1人保研北京大学，1人保研中国科学技术大学，1人保研武汉大学。他们6人来自不同专业，有4人连续三年专业成绩第一；2人获国家奖学金；2人

> 自律的人生更自由

获唐立新奖学金。6人中，有人在斯坦福大学做过演讲，有人在国际遗传工程机器大赛中获得过全球金奖，还有人担任过参加中亚论坛的外国驻华大使的随行翻译。

接受采访时，他们均表示："寝室的学习氛围比较强，大家相互之间会鼓励学习，如果有人稍有松懈，其他人会马上提醒他。"他们经常定下一些自律公约，并在一次次的学习交流中，彼此促进、共同成长。

有科学家做过一项长达5年的调查，得出一个结论："人是唯一能够接受暗示的动物。"如果你在一个优秀的圈子里，在斗志昂扬的氛围中，周围的人都在努力，那么你也会用相对严格的标准来审视自己，不断自省。

和进取的人在一起，你不会甘于堕落；和自律的人在一起，你不会恣意放纵。"蓬生麻中，不扶而直；白沙在涅，与之俱黑。"努力靠近积极自律、执行力强的人，并不断向其学习，是你一生的幸运。

## 04

哈佛大学的学生John Fish曾发视频记录了自己一天的学

## NO.1 真正的自由，从来不是随心所欲

习生活。他吃过早餐后的第一件事，就是制订当天的计划，每个时间段都有固定的任务。John Fish一天的作息，严格按照计划进行，除了上课、学习，还穿插健身、阅读、写文章、冥想、剪辑视频等活动。偶尔写文章写累了，休息的方式就是解数学题。

真正的成功人士，利用零碎时间的水平都高于常人，每分每秒都不愿浪费。他们喜欢列清单，享受从待办事项清单上画掉任务的成就感。如果每天和这样的人为伍，你还能容忍自己无所事事、成天偷懒吗？当每个人都在如饥似渴地学习时，你还能心安理得地逃课、熬夜玩手机、打游戏吗？

### 05

越努力，越幸运。千万不要成为一个"积极策划者、低级执行人"，希望你能把自己"逼"进好学校、好职场，去接近能开拓你的眼界、给你正能量的人。愿亲爱的你，但行前路，无问西东。

自律的人生更自由

# 自律的人生，并没有你想象中那么痛苦

## 01

对任何人来说，自律都是通往幸福人生的重要途径。

曾有一名50岁的身材火辣的中国女人，穿着比基尼，在零下40摄氏度的贝加尔湖畔拍摄了一组写真，引起了外媒的关注。50岁的她和23岁的儿子走在一起时，不像母子，更像是同龄人。在接受采访时，她说："我现在的身材和容貌，源于我多年不懈的锻炼。30岁那年，我钻进了健身房，每周进行三次锻炼，一练就是20年。我还学会了游泳、拳击、攀岩、骑马、跳伞……每天雷打不动地坚持晨跑。"她还说："年龄不会影响一个人的魅力，只要有自信，有毅力，你流下的每

## NO.1 真正的自由，从来不是随心所欲

一滴汗水，都会化作对抗衰老的子弹！"

她匀称紧致的身材、姣好的容颜和自信的笑容，果真印证了那个说法：你有多自律，人生就有多美好。

## 02

有调研机构发布过这样一组报告：世界著名公司的首席执行官中，找不到一个体重超标的人。你会看到，马云、王健林、扎克伯格、李彦宏、比尔·盖茨……这些有着传奇般人生的成功人士，都保持着非常匀称的身材。

真正优秀的人，都是自律到极致的人。他们坚持早起、锻炼、控制饮食，将工作、生活安排得井井有条。他们把自己的成功描述得云淡风轻，背后却是几十年如一日的坚持和努力。

高产作家严歌苓，近30年来一直保持着每年出版一本新书的节奏。有人对她的效率和敬业赞叹不已，她说："我当过兵，对自己是有纪律要求的。当你懂得自律，那些困难都不算什么。"她每天早上5点起床，坚持写作到下午3点，然后去健身房；每隔一天游泳1000米，除非身体不适，否则风雨

无阻；每天晚上10点睡觉，每周看两部电影，剩下的时间都用来阅读。

你怎样对待生活，生活就会怎样对待你。只有足够自律，才有可能过上你想拥有的人生。

## 03

有网友在微博上晒出自己四年前和现在的对比照，现在的他和四年前相比，胖了好几十斤，脸上长满痘痘，一副萎靡不振的样子。不少人在照片下评论："曾经帅过明星，如今胖成八戒。"

村上春树说："肉体是每个人的神殿，不管里面供奉的是什么，都应该好好保持它的强韧、美丽和清洁。"我深以为然。

都说岁月是把杀猪刀，可是，却有无数优秀的人向我们揭示了另一个道理：并非红颜易老，是你流汗太少。

真正能让人变好的选择，都不容易。但是，这种"不容易"从来不会让你感到痛苦，因为只有当你坚持自律时，你才会感受到一个充满生命力的自己。

## NO.1 真正的自由，从来不是随心所欲

## 真正的强者，从小就是自己人生的掌控者

### 01

某电视台节目主持人曾公开过自家宝贝女儿的课程表。除了学校的正常课程以外，孩子的时间被各种兴趣课占得满满当当：周一、周五上钢琴课，周二学织毛衣，周三上文化课和瑜伽课，周四学国际象棋，周六学书法，周日学大提琴和油画……

这个孩子就读的，是一所位于一线城市的"星二代"扎堆的学校，每年光学费就要数十万元。家长"富养"孩子的成果就是，这个小孩的很多技能都远远超过了同龄人：能用英语解数学题，口语流利且发音纯正；所画的油画入选影视

自律的人生更自由

名人书画展，书法作品也被大师称赞不已；获得国际象棋比赛少年组银牌，还和某国际著名钢琴家同台演奏钢琴曲……

对此，有人发出感慨："我奋斗了50年，不如别人出生5年。""我985高校毕业，但这辈子的成就怕是都比不上人家5岁的了。"……

再看看外媒曝光的英国年仅5岁的乔治小王子的课程表：除了要学常规的数学、英语、地理、历史、科学外，还要上法语课、宗教课、计算机课、戏剧课、绘画课、芭蕾课、哲学课、高尔夫课、陶艺课……5岁的小乔治，要学习的课程竟然有10多门。

不得不承认，有些人虽然一出生就有着很高的起点，却仍在不懈地努力，在不停地前进。

## 02

有一部纪录片叫《没有起跑线》，记录了香港的小孩学习有多刻苦。

某个30多岁的男艺人，已经是两个小孩的父亲了，应节目组要求，参加了一项小学生日常学习生活体验活动。他插

## NO.1 真正的自由，从来不是随心所欲

班到一所排名不错的小学，这所小学尤其强调"两文三语"，无论是在课上，还是在课间，大家都会自觉地说英语或普通话。语言能力跟不上的男艺人一旦讲粤语，就会被同学们奚落。

这所小学的学生们，不仅有超强的语言能力，而且数、理、化能力也令人赞叹不已。在小学二年级的课堂上，竟然出现了中学物理课才会用到的电路板，同学们还能轻松"玩转"它。午休时间，同学们也没休息，继续学习数学、物理、化学与编程。这个大专学历的男艺人信心满满地解答了一下孩子们的题目，结果又以惨败告终。

不仅如此，为升入名校，小学生们除了学习乐理、日文等科目，放学后还要上各种兴趣班。有调查显示，香港儿童平均每周要上3.5个兴趣班，最多的竟高达11个！

"还好我不是当代的小学生，这也太吓人了……"体验结束时，那个香港男艺人心有余悸地说。

不得不承认：现在很多的"00后"，甚至"05后"，他们的学识水平、才艺技能都要比我们厉害得多。

某主持人在节目中分享过这样一件小事：9岁的儿子，刚

自律的人生更自由

学了4节课的编程，就已经可以编写简单的游戏代码了。有一次，他编了一个双人互相攻击的游戏，说："妈妈，我们来比试一下。"结果这位主持人妈妈一直输，她特别困惑，后来悄悄地去看了后台代码，才发现儿子早已把基础数值改了。她不禁大呼："现在的孩子太'可怕'了。"

对比那些聪明且勤奋的小学生，有些成年人做出来的事，简直不是"没文化"这三个字就可以形容的。比如，有明星在节目中说自己脑子不太好使，连10以内的加减法都不会；比如，有明星不认识π，甚至还认为π=3.18……没有人要求明星一定得是学霸，但作为公众人物，最基础的文化素养总是该有的。小学生都这么努力了，成年人却还在营造"傻白甜人设""智障人设"，实在有点儿说不过去。

## 03

在大多数"90后"刚刚月薪过万的时候，有的"00后"年收入已经超过了80万；在大多数上班族还在钻营着"办公室政治"的时候，一名"00后"少年已经创立了一家科技公司，手底下有约300名员工；在大多数中年人已经放弃了身材

## NO.1 真正的自由，从来不是随心所欲

管理，每天吃饱混天黑的时候，有些年幼的小演员已经开始通过规律运动来控制体形了。

曾有一个富豪家庭参加了一场马拉松亲子跑比赛。跑步途中，爸爸劝儿子累了就休息一下，儿子却说："不行啊，停下来我就会输。"这境界，要比多少成年人都高啊。澳门有一个"富二代"，在学习上从未给自己放过一天假。别人一学期修4门课，他就修8门；圣诞节，别人忙着聚餐，他却一如既往地认真学习。他最喜欢的一句话是："当你在睡梦中时，我一直在工作。当你在工作时，我已经付出了双倍于你的努力。"

对此，很多人表示不理解："他们的人生起点都已经那么高了，还这么努力干吗？"

其实，起点越高的人越明白自律的重要性，因为他们从小就浸润在强者的世界里，耳濡目染的熏陶使他们不允许自己的人生失控。他们知道，只有做自己人生的掌控者，才能感受到活着的意义。

## 04

拿着将就的薪水，过着得过且过的人生，还美其名曰

> 自律的人生更自由

"与自己的平凡和解",实际上,这样的人根本没有摆脱现状的勇气。不要让一事无成的焦虑感淹没了你,从今天起,做自己人生航程的掌舵人吧,你完全可以活得更精彩!

## 自律，才能带来真正的自由

### 01

一名25岁的女白领，承受了她这个年龄本不该承受的烦恼：年纪轻轻，一头秀发竟已稀疏得只剩儿时30%的发量。

她掉发已有三四年之久，治疗也有一年多了。医生说，她严重脱发的一个原因是遗传，另外一个原因是长期熬夜；加上自制力不强，饮食不规律，这更是让她脱发的情况愈来愈严重。

据不完全统计，在我国，一亿多人有脱发困扰。过度熬夜、不健康的饮食习惯，使得越来越多的人过早陷入了变秃的泥潭。

自律的人生更自由

成年人的生活，很少有什么是容易的，却特别容易胖，特别容易老，特别容易秃。作息混乱；放纵口腹之欲；无法自控地"买买买"，月薪三千偏要活得像月薪三万；在游戏里找存在感；对短视频欲罢不能；一味享乐，毫无限度地放纵自己的欲望……

很多人看上去活得随心所欲，实则已经活成了欲望的奴隶。他们作茧自缚，在堕落中慢慢沉沦；他们看似活得轻松，可到头来终究要承受放纵的代价。

## 02

知乎上曾有答主讲述过自己遇到过的一件事。

有一次，她在一家蛋糕店里买蛋糕。排队付账的时候，她发现排在自己前面的是一对青年男女，他们全身潮牌，手里拿着的都是最新款手机。只听女孩对男孩说："买蛋糕的钱你付吧，我的信用卡已经刷爆了。"男孩说："我的卡也刷不了了。"之后，这俩人就一直在讨论哪个软件可以快速放款之类的话题。

听了这段"魔幻"的对话，答主不禁满头问号：一杯咖

## NO.1 真正的自由，从来不是随心所欲

啡二三十块，一个蛋糕也要好几十甚至上百块，俩人既然已经没钱甚至负债了，为什么还过得这么奢侈？至于欠着债也要买吗？

不少放纵欲望的年轻人，正在被自己内心那永远也填不满的欲望，一步步地拖向深渊。

女生要用大牌的护肤品、名贵的首饰、昂贵的包包；男生要穿名牌运动鞋，用昂贵的机械键盘；一天一杯咖啡是精致生活的标配；出门有地铁不坐，偏要打车……买得越多，内心的欲望越大，就越需要更多的物质去填补。直到欠下无数借款，想尽办法也无力偿还的时候，才知道自己已经被逼到绝境。

### 03

一个医生曾在微博上分享过他的一段让人听了哭笑不得的经历。

在医院里，他总是能遇见各种因暴饮暴食而患病的人。其中有一个病人连续吃了30个糯米饼，导致肠道被完全堵死。当医生用这个病例去教导其他病人不能暴饮暴食时，得到的

> 自律的人生更自由

第一个回应却是:"是什么牌子的糯米饼这么好吃?"

都到医院就医了,都坐到医生对面了,听着医生的告诫,关心的第一个问题却仍是如何更好地满足自己的口腹之欲,这实在匪夷所思。

许多人总是放纵自己吃吃喝喝,完全不考虑节制欲望,这不仅对自己身体有害,更会引发各种各样的问题。比如曾引发网友热议的一则新闻。女子月薪3000元,每月却要花2000元买小龙虾吃,当婆婆对此表示不满时,女子却特别气愤:"这是我自己赚的钱,吃点儿小龙虾怎么了?"

然而从女子晒出的聊天记录中可以看出,这对夫妻工资都不高,花销却很大。前一个月刚从婆家拿了一万块钱,这个月又开始伸手向婆婆讨小孩子上培训班的钱——姑娘,想随便吃小龙虾可以,但你们夫妻俩好歹得先自力更生吧?

还有不少人不仅放纵口腹之欲,对能让人获得短期快感的软件也没有抵抗力。

一个16岁的男孩,在连续玩游戏6个小时后猝死了。

去世前,男孩对游戏特别上瘾,经常把自己关在房间里不吃不喝地玩游戏。家人试图劝阻他,让他不要沉迷游戏。

## NO.1 真正的自由,从来不是随心所欲

可每次把手机藏起来,男孩都能找到;每次把游戏卸载或者给家里断网,男孩都用绝食来抗议。

那天,男孩正在抱着手机玩游戏,突然情绪激动地不断重复三个字:"爆炸吧,爆炸吧!"然后哭着扔掉了手机和耳机,倒地失去了意识,家人紧急将他送医也没能抢救回来。医生诊断,是连续6个小时玩游戏让男孩心力交瘁,且情绪激动,肾上腺素分泌过多,才导致心脏骤停。

无法自控的人,有多可怕?喜欢美食,便无节制地吃,即便自己已经高血糖、高血脂;喜欢饮酒,便无节制地喝,喝到酒精中毒、胃出血也毫不收敛;喜欢追剧、看短视频、打游戏,便没日没夜,最终不但近视,还把身体熬出了其他问题。

有人说,在未来社会,由于过度地放纵欲望,不少人可能会没有能力改变自己、约束自己,而是沉醉在短暂的快感中,在虚拟世界里寻觅高强度的感官刺激,直到丧失自己。

不自律,让一个人在浑浑噩噩、随波逐流的日子里,毫无意义地消耗着生命;身体和意志力都在自我放纵中逐渐沉沦,没有丝毫掌控自己人生的能力,离毁灭也就不远了。

自律的人生更自由

## 04

前段日子，看到老同学茉晗在微信朋友圈里晒出近照，她瘦得简直让我不敢认了：短发红唇、身材纤细的她，一手举着哑铃，一手比出胜利的手势，肌肉线条好看到令人咋舌。照片上方的文字是："瘦了30斤，继续努力！"

在春节里一众晒火锅、晒聚餐、晒打麻将的同学中，茉晗如同一股清流。通过和她聊天，我才知道，这30斤肥肉，都是她一点一点，在无数汗水和泪水中慢慢减下来的。

茉晗是那种从小胖到大的女孩，工作后更是因为过度劳累胖了十几斤，体重一度飙升到140斤：白天工作繁忙，久坐在办公室里一动不动；晚上回到家，报复性地吃下大量高糖、高盐、重口味的食物；满是芝士的奶茶一杯接一杯地点，辣到常人难以忍受的火鸡面一桶接一桶地吃；吃完满足地躺在床上玩手机，嘴里还要塞满堪称"脂肪炸弹"的肉松小贝。日复一日，茉晗身上的赘肉越来越多，精神状态也越来越消沉，才二十几岁的年纪，却经常被认成四十几岁的妇女。

茉晗原本以为，自己会这样浑浑噩噩地过一辈子——反

# NO.1 真正的自由,从来不是随心所欲

正胖也胖了,能吃是福,及时享乐也不错。直到公司组织体检,当她看到自己的体检报告单上"高血脂""高胆固醇"等字样时,才意识到问题的严重性。甚至连医生都对着她直皱眉头:"年纪轻轻的怎么这么多毛病,如果再不注意,今后得动脉硬化、脂肪肝的风险会很大。"

茉晗仿佛被人从头浇了一盆冷水,她终于明白:自己以前那种放纵欲望、得过且过的生活方式,真的要改了!那天以后,她开始强迫自己改变作息、饮食习惯:

早上为自己做一份高纤营养的燕麦牛奶粥,再加上一份水果;午餐是自带的便当,主食是低热量的糙米饭或地瓜、马铃薯,外加少量的蔬菜、鸡蛋和鱼肉;晚上回家为自己炖一碗热乎乎的西红柿菌汤,配上一些鸡胸肉,饱腹又美味。同时,她还一发不可收地爱上了跑步、举哑铃等运动,每天都练到运动背心浸满汗水。

就这样,慢慢瘦下来的茉晗,五官更加清丽出众,身体比以前轻盈多了,生活也比以前更加充实有趣。

好友茉晗用亲身经历向我证明:自律,才是一个人自我救赎的开始。年少时我们常常以为随心所欲才是自由,可随

着年纪渐长才逐渐明白,唯有自律,才能带来真正的自由。

有人说:"当我瘦下来,世界都变了。"当你通过自律,实现了自己心心念念了很久却难以坚持的目标,你会突然发现:世界好像对你友善了一点。对现在的自己严格一点,时间长了,自律变成一种习惯,你的人生才会真正自由而快乐。

## 05

国外有个女孩名叫翁多,是个普通的上班族。生活中的她很喜欢记录下自己独居时的日常,她那自律又舒适的生活,实在令人神往。

翁多早晨习惯早起,给自己做顿简单又有营养的早餐。认真打扫房间后,她会在心爱的手账上安排每天的日程。周末的她也不沉溺于网络世界,而是喜欢做些精致的点心,看上一本好书;她喜欢在自己的小型缝纫机上给自己缝制漂亮的小围裙、手提袋;她也从不熬夜,总会在夜幕降临时点起香薰,早早地在芳香中钻进被窝,好好睡觉。

可能在不少人眼中,翁多这种清心寡欲的生活是痛苦不堪、难以坚持的,殊不知,一个高度自律的人,从来不是依靠

## NO.1 真正的自由，从来不是随心所欲

意志力行事，而是按照习惯办事的。当自律成为一种习惯、一种生活方式，一个人的心灵和人格才会更加完善。就像《智慧书》中所说："千万不要失去节制而成为一个蠢怪之物。"

学会节制，才能不受内心欲望的控制和摆布；学会节制，才能真正地管理和主宰自己的人生。给心灵加个阀门吧，让自由真正到来，让美好无限延伸。

# NO.2 所谓自律,
就是更庄重地对待自己

自律的人生更自由

# 持之以恒地奋斗，你会遇见更好的自己

## 01

朋友中有个女孩，每天晚上9点，准时在微信朋友圈晒"微信运动"的截图，少的时候走2万步左右，多的时候甚至可以达到3万步，常年占领着我的"微信运动"步数排行榜的封面。当我喝着奶茶、吃着烧烤的时候，看到她晒的截图，立刻罪恶感爆棚。自己每天不到2000的步数，和别人的几万步相比，简直少得可怜。

这个女孩真真切切地将跑步的习惯刻在骨子里、融在生活中，和她聊天的时候，你能感受到她对跑步发自内心的热爱。

## NO.2 所谓自律,就是更庄重地对待自己

最初的她,不计时地跑800米就是极限了,跑完后满嘴的血腥味。坚持30天后,她的身体开始适应了这种节奏,她不再觉得跑步是一种煎熬。坚持半年后,她在没有节食的情况下,瘦了整整5公斤。现在的她,身材苗条、皮肤细腻、笑容明朗,看起来清爽又有活力。

生活中,有太多人在工作的压力下放纵自己的口腹之欲,身材渐渐走了样。看到朋友圈里晒健身动态的好友,他们嘲讽、屏蔽,就是不肯面对懒惰的自己。熬夜、喝酒、吃烧烤,饮食毫无节制、拒绝运动的生活,听上去确实很舒服,但等你真的脑满肠肥的时候,就可能会完全失去人生的航向。

唯有时刻怀着一颗自律之心并持之以恒地奋斗,才能在这个容易失控的时代,牢牢地掌握人生主动权,每天都朝着更好的方向,用力地爱自己。

## 02

Sunny是一名年轻的德国女孩,工作之后身材逐渐走了样,肚子上的肥肉不断堆积。她问自己:"难道这辈子就这样胖下去吗?"不敢照镜子,不敢拍全身照,明明很年轻却被

| 自律的人生更自由

人称作大妈,看到身材苗条的姑娘总是忍不住自卑……

"不,我要开始改变。"

Sunny给自己制订了一个为期20周的跑步减脂计划,开始踏上了自律之旅。第一周,真的很难:没跑几步就感觉胳膊、腿、心、肺都很累,只能不断地停下来休息。第二周,一样很糟:她开始怀疑自己的付出是否值得,不知道到底什么时候才能轻松一些。酸胀的肌肉、疲惫的状态和风雨交加的坏天气,似乎都在跟她作对,但她仍选择继续坚持下去……第九周,她终于有了一些进步——身体变得轻盈,越跑越轻松了。

然而,小腿突然受伤,让她不得不中断跑步,为此影响了好几周的训练,她难过得甚至想要放弃。伤好后,她果断地选择了继续跑,并且开始配合力量训练。在这个过程中,她结识了许多新朋友,重拾了自信。第二十周,她的真实感受是从未有过如此美妙的感觉!

她成功了!20周的时间,她减重14公斤,腰围比之前小了3个码,每千米的跑步时间比最开始缩短了2分钟;而最耀眼的是坚持自律后洋溢在她脸上的自信的笑容。

## NO.2 所谓自律，就是更庄重地对待自己

唯有自律的人，才能通过坚持不懈的努力获得成功，并从这种成功中体验到难言的喜悦。

### 03

知乎上曾有这样一个问题："哪些事情永久地改变了你？"一个点赞数量很高的回答是这样的："每天坚持做一件小事。曾经的我，唐诗宋词的储备量太少。某一天晚上睡觉前，我没玩手机，而是背了一首唐诗。我把这件小事坚持了下来，现在，我能脱口背出600多首唐诗宋词。"

这让我想起《中国诗词大会》第三季总冠军雷海为。在参加比赛之前，雷海为只是一个每天骑着电动车穿梭于各个大楼之间送餐的外卖员。然而，无论是等商家出餐还是短暂休息的间隙，雷海为都会拿出随身携带的《唐诗三百首》，坚持背诗。送外卖很累，连吃饭、睡觉的时间都很少，但正如苏轼说的"宁可食无肉，不可居无竹"，雷海为宁可放弃一部分的睡觉时间，也要坚持背诗。

主持人有这样一段话赠给雷海为："你在读书上花的任何时间，都会在某一个时刻给你回报。我觉得你所有在日晒雨

淋、在风吹雨打当中的奔波和辛苦，你所有偷偷地躲在那书店里背下的诗句，在这一刻都绽放出了格外夺目的光彩。"

很多时候，改变我们一生的，就是那些日复一日坚持的小事。有人坚持每晚睡前看一小时的纸质书，长年累月，其思想、谈吐、待人接物等都有了很大的提升；有人坚持每天读英语，数十年如一日，终于能流利地讲出地道的英语；有人连续三年做不重样的早餐，全程靠科学饮食，就把啤酒肚变没了。

某知名作家说过："把一切平凡的事情做好即不平凡，把一切简单的事情做好即不简单。"自律的人，能持之以恒地把简单的小事做到极致。

## 04

哲学上有个"荷花定律"。一个荷花池，第一天荷花开得很少，第二天开放的荷花数量是第一天的两倍。之后的每一天，池中的荷花都会以前一天两倍的数量开放。按此规律，到了第29天，荷花池中的荷花开了一半。到了第30天，荷花猛然开满了整个池塘，生机盎然。同理，共处一个生态圈的

## NO.2 所谓自律，就是更庄重地对待自己

人，把一件事情坚持做下去，也必会迎来质变的那一刻。

谷歌工程师卡茨，曾是一个肥胖的宅男。一天，他给自己制订了一个30天的计划：每天坚持做一些之前未能坚持的事。比如：每天骑自行车上班，每天走路一万步，每天拍一张照片，不看电视，不吃糖，不玩推特，拒绝咖啡因……可以说，这份计划充满了挑战性，不够自律的人势必无法完成，但他坚持了下来。30天后，昔日那个胡子拉碴的宅男工程师不见了，取而代之的是一个健康、乐观又有底蕴的人。

生命是一种选择，有人在日复一日的柴米油盐中迷失了自我，有人则爱上了认真奋斗的自己。奋斗的过程是辛苦的，但若能坚持下来，你就能遇见更好的自己。

自律的人生更自由

## 戒掉"重口味",生活更丰盈

**01**

26岁的福建姑娘小暖,经常肚子肿大、疼痛难忍。家人送她去医院检查,医生发现她肚子里全是腹水,她被确诊为胃癌晚期。

小暖是广告公司的策划经理,每天三餐都不定时。而且,她最爱吃各类重口味食物,麻辣烫、酸辣粉、水煮鱼等,天天吃得不亦乐乎。长期不健康的饮食习惯,让她常常胃痛,扛不住了就吃点止痛药。直到腹部凸起、一到晚上就疼得受不了,她才告知家人。

经过几个月的治疗,小暖的病情还是没有好转,最终不

## NO.2 所谓自律，就是更庄重地对待自己

幸离世。她的主治医师说，小暧并没有胃癌家族史，作息不规律、饮食不健康是其发病的主要诱因。

近三十年来，中国人是越来越偏爱重口味食物——麻辣牛肉、辣子鸡、小龙虾、麻辣香锅、烤串儿、火锅……大多数中国人爱吃的往往是过于辛辣、油量超标、钠含量超标的食物。

世界越来越丰富，我们喜欢的味道却越来越贫乏，殊不知，重口味正在慢慢地摧毁我们的生命。

有研究显示，世界上每年新增的胃癌病例，有超过半数来自东亚地区。某专家曾做过一个总结："得胃癌的人到处都有，但东亚尤其多；因胃癌而死的人到处都有，但中国尤其多。"

爱吃辛辣的食物，会刺激消化液的分泌，使得胃肠道黏膜充血甚至水肿；爱吃高盐的食物，会诱导胃黏膜发生癌变，还容易引起记忆损伤及老年痴呆等疾病；爱吃重糖的食物，会增加血管压力，诱发心脏病、糖尿病、头痛、脂肪肝，还会加速衰老。

重口味的食物，对味觉的刺激来得更直接，也更容易抓

自律的人生更自由

住人的胃。然而，爱吃重口味的食物，只会慢慢损害我们的健康，带走对我们来说真正重要的东西。

相比之下，为什么日本长寿的人更多？其实，这很大程度上归功于他们喜好清淡的饮食。他们一天要摄取多种食材，包括蔬菜、豆类、杂粮、鱼类、海藻和少量的家禽肉及乳制品；他们烹调食物少油少盐，尊重食材原本的味道；他们喜欢将生菜、胡萝卜、黄瓜等拌上调味汁直接生吃；他们经常采用蒸煮食材的加工方式，既减少高温热油对营养素的破坏，又减少油类摄入。很多美食家都认为："日本料理的精髓在于保留了食物的原汁原味。"

长期吃重口味食物的人，味蕾已经麻木了，吃什么都想加一勺辣酱，根本吃不出食物本真味道的美好。

## 02

除了饮食，我们的文化也正在慢慢变得"重口味"。

市面上的各种海报和产品包装，总是喜欢用饱和度极高的大红、大黄、大绿；打开网页界面，满屏都是视觉冲击力强的广告代言……不仅如此，自从各类短视频软件越来越流行之后，我们开始越来越没有耐心静下来学习和思考了。各种短视频刺激着我们的感官，大脑分泌出多巴胺，让我们获得了短暂的满足感。于是，我们更加喜欢追求短期快感，看明星八卦，看恶搞视频，看网络红人直播……

回想一下，你已经多久没有认真读完一本充满哲理、能丰富你的知识储备的好书了？你有多久没有完完整整地看完一部略显枯燥却耐人寻味的文艺电影了？

"重口味"文化的洗脑，让人类感官的敏感度下降：耳朵开始听不进复杂的东西，眼睛开始看不到复杂的东西，大脑都在开始简单化。

## 03

"重口味"的网络流行词，甚至让我们的语言表达能力越来越差。

在平昌冬奥会花样滑冰男子单人赛中，日本选手羽生结弦蝉联冠军。中国中央电视台的实况解说员陈滢用富有诗意的语言赞美道："容颜如玉，身姿如松，翩若惊鸿，婉若游龙。索契冬奥会冠军在平昌周期面对四周小将们的挑战，让

> 自律的人生更自由

我想起了一句话——命运，对勇士低语：'你无法抵御风暴。'勇士低声回应：'我就是风暴。'羽生结弦，一位不待扬鞭自奋蹄的选手。"

她的解说让无数日本人惊叹："中文实在是太美了。""汉语真是优美流畅啊。"而被"重口味"网络语言洗脑的我们，又会怎么夸呢？"太厉害了！""真帅！""哇，简直了！"……

古人形容人可以用"玉树临风""顾盼神飞"，而我们只会说"高富帅""白富美"；古人表达悲伤用"我心伤悲，莫知我哀"，而我们只会用"难受，想哭"；古人形容开心会说"春风得意马蹄疾，一日看尽长安花"，而我们只会"哈哈哈哈哈哈哈"……

"重口味"网络语言降低了交流的门槛，也暴露出现代人语言上的贫瘠。

太多的人，脑袋里空洞无物，不断追求着感官刺激，用重盐、重糖、重辣的食物麻痹自己的味觉，殊不知健康正在远离你；用各种能满足短期快感的软件来打发时间，殊不知这只会让你越来越空虚；满嘴低幼化、重复性的语言，却不想已全然废弃了中文之美。

## 04

周国平说:"我们看见利益,却看不见真理;看见万物,却看不见美;看见世界,却看不见上帝。我们的日子是满的,生命却是空的;头脑是满的,心却是空的。"仔细想想,这是一种多么愚昧而可怕的状态啊!从今天起,戒掉"重口味"吧,你本可以拥有更丰盈美好的人生。

自律的人生更自由

# 用对时间，你的人生可以更超值

## 01

曾问过身边的朋友："去年一整年，你觉得花钱花得最值的是什么？"有人说："攒下两个月的工资，去听了一场五月天的演唱会。"有人说："和男朋友一起去了趟香港迪士尼乐园。"还有人说："给自己放了假，一个人去旅游，玩了5天。"交谈中，没有一个人觉得花钱购买某种物品是最超值的生活体验，大家都觉得购买经验最超值。

心理学上有个词叫"享乐适应症"，指的是，快乐的感觉总是很容易被大脑适应。我们在得到梦寐以求的东西的那一瞬间，就开始不那么幸福了。而如果你在体验上花钱，比如

## NO.2 所谓自律，就是更庄重地对待自己

去听一场演唱会，学外语课程，学烹饪方法，去度假……那么，你会感受到更长久的快乐。

有心理学研究发现：任何带来兴奋的产品，在使用两周后都会显得平庸。但是经历会沉淀成为我们自我的一部分，永远活在我们的生命里。

真正有智慧的人，一般都深谙这个道理：比起花钱买东西，花钱买经历和经验能给自己带来更多的满足感。

## 02

许多行业大佬都把时间用在了自己热爱的工作上。

比如王健林每天的行程表：凌晨4点起床，一整天被各种工作安排得满满当当。

张朝阳在乌镇互联网大会上做直播的时候，也透露了自己的紧凑日程：他每天清晨4点半起床，5点半到6点半看新闻，7点到8点精心准备直播内容，8点到9点做直播，12点到18点进行日常会议，18点到19点跑步……

苹果公司现任首席执行官库克，每天凌晨3：45起床，第一个到办公室，接着，员工会在清晨4点半准时收到他的电子邮件。

>自律的人生更自由

通用电气前首席执行官杰夫·伊梅尔特曾经连续20多年每周工作100个小时。

相比他们，我们看看大多数人过的是什么样的生活：上班时偷懒，躲在茶水间里聊八卦；下班后躺在床上看短视频、玩电子游戏，凌晨不睡觉，津津有味地看娱乐八卦或各类电视连续剧……

为什么那些成功人士明明已经那么有钱了，却还是喜欢将大量的时间用在工作上？

心理学上有个词叫"心流"，指的是一种将个体注意力完全投注在某活动上的感觉。心流产生时，人就会有高度的兴奋及充实感。

有人会在玩电子游戏时产生心流体验，而真正的成功人士则会在学习和工作时感受到忘我的快乐。他们喜欢有挑战性的项目，从中获得巨大的满足感和成就感；他们不喜欢在短视频或小游戏中寻找短期快感，而是向往充实型的快乐，比如工作、阅读和健身等。

越成功的人越热衷于追求真正的快乐，他们最喜欢做的就是将时间花在能全面提升自我的事情上。

## 03

如果你想获得真正的快乐，如果你想获得双倍甚至多倍的人生经验，那么请先学会正确使用你的时间。将时间和精力放在更有意义的事情上，转身才不会陷入无尽的空虚中。记住，唯有用对时间，你的人生才会超值。

|自律的人生更自由|

## 投资自己，是一生的修行

### 01

我的表姐，生完孩子后，身材如吹气球般迅速膨胀起来；辞掉工作后，每天不是在家看综艺性娱乐节目，就是找邻居打麻将；日子过得捉襟见肘，生日时想买条稍微贵点的手链，都被表姐夫一口回绝。

以前我和她无话不谈，现在居然和她无话可说，因为她一开口就是抱怨自己的婆婆、老公、孩子。"我说你呀，也该早点准备嫁人了。写文章又不能当饭吃，嫁个好老公才是正经事。"她拉着我的手絮絮叨叨，我心里不由得"咯噔"一下——当初那个能和我彻夜聊古典文学的表姐已经消失了。

# NO.2 所谓自律，就是更庄重地对待自己

有人说："一个人变老的标志是，他觉得人生一眼望得到头，不会再有改变，于是放弃了学习，放弃了提升自己。"然而，作为一个人，让自己每一天都比前一天更光鲜、更自信，才是对自己最负责任的表现。

## 02

某自媒体作者讲过这样一件事：她和新同事一起逛商场，同事买了不少彩妆，而她则挑选了一些经典书籍。当她排队结账时，顺手推荐了两本自己觉得读后受益匪浅的书给那个同事。同事翻过来看了看价格，摇头说："好贵，不买。"她觉得很纳闷：两本书的价格分别为39.8元和36元，加起来的价钱不过同事刚买的那盒眼影的十分之一。有钱买化妆品，怎么没钱买书？看着她困惑的样子，同事解释："就是因为刚刚买彩妆花了太多钱，所以现在才要省吃俭用呀。"花钱买化妆品和衣服，美其名曰"投资自己"，可同事却不知道，投资自己并不仅仅是把钱和精力投在外在的美丽和光鲜上。

我观察过许多光鲜亮丽的职场女性，她们无一例外地化着精致的妆容，穿着得体的服装，走起路来气场十足。但别

忘了，更重要的是，她们的专业知识过硬，谈吐优雅有内涵，做事干练有格局。她们不满足于现有的成就，而是将大部分的钱和时间花在投资自己的能力、眼界和经验上，一步步达成自己的目标，让自己变得更有价值。

"日本最懂生活的男人"松浦弥太郎写过一本书，名叫《不再为钱烦恼》。书中，他认为我们需要建立和自己年龄相符的金钱计划：20—30岁，自我投资；30—40岁，细心培育20岁时播种后冒出的新芽，同时持续播种；40—50岁，进一步拓展，成立储蓄急救箱；50—60岁，持续收成，挑战新事物；60岁，归零。

养成学习型思维，不断在最好的年龄里投资自己，才能让自己活得越来越有底气。

## 03

我认识一个1993年出生的姑娘，她平时穿着朴素，为人低调。别的女生追求名牌包和高跟鞋，追求最新款的化妆品，她却一年到头拎着一个棉麻制的手袋，看上去清心寡欲。

每次和她聊天，我总能收获满满，因为她实在是太见多识广了。她一个人游历过欧洲、澳洲、东南亚，在布拉格广

## NO.2 所谓自律，就是更庄重地对待自己

场晒过太阳，在热带湖泊游过泳。周末，她喜欢去寻找城市里一些不知名的咖啡馆，用心品尝不同口味的咖啡。她是音乐剧和画展的爱好者，热衷于将为数不多的存款花在剧场和艺术馆里。她的眼界、格局和气质，都远远超过了同龄人的。她脸上洋溢的幸福感和满足感，令我十分羡慕。

心理学家做过一个实验：将实验参与者随机分成两组，一组回忆最近花钱买过的商品，另一组回忆最近花钱买过的经历，然后分别对自己目前的情绪状态打分。结果，买经历的人比买商品的人获得了更高的幸福感。

与其购买奢侈品，不如把钱花在购买经历上：去听一场演唱会，去吃一次之前没有尝试过的美食，去旅行，去听演讲……松浦弥太郎说："吃一顿1000元的大餐，有时比买1000元的东西可以学到更多东西。"想要活得更高级，也许可以尝试省下购物的财力，去丰富生活体验。尽量接触这个时代的美好事物，才能让自己变成一个更有内涵的人。

## 04

大多数人平庸，是因为他们不肯下定决心做出改变，不

> 自律的人生更自由

舍得将钱花在能让自己变得更好的地方。其实,投资自己,你的视野、格局和思想才能更加广阔;体验不同,保持对世界的好奇心,你才能看到自身无限的可能性;保持精致,才能将繁杂的生活,过成另一种诗和远方。

试着问问自己:在过去的一个月里,你的阅读量是多少?是否将每一分钱都用在了对的地方?是学习了新技能、新知识,还是依旧将日子过得浑浑噩噩?

实际上,当你决定改变时,最困难的一部分已经结束。投资自己,是一生的修行,不要让自己的金钱和时间,荒废在最好的年华里。

## NO.2 所谓自律，就是更庄重地对待自己

# 养生可以，但千万别盲目

## 01

越来越多的人开始养生。

"90后""朋克养生"（一种一边作死，一边自救的新兴养生方式）早已不是什么新鲜事，连"00后"也开始吃保健品、睡按摩床、敷面膜。有的小演员喝果汁要放枸杞，拍戏间隙要用木桶泡脚；更有甚者，随身携带药盒，每天服用大量的保健品……

吃保健品似乎正在成为一种时尚。失眠、脱发、肥胖、健忘……一切健康方面的问题，似乎都可以通过一粒粒药丸来解决。然而，现实是，有不少无良商贩利用人们越来越重

视养生的趋势，想方设法地掏空人们的腰包。

曾被曝光的9家黑心燕窝餐厅，用树胶熬制假燕窝，推荐游客购买。一份600多块钱的"燕窝"，旅游团的领队竟然可以拿560多块钱的回扣，这些"燕窝"的实际价值可想而知。

除此之外，各类打着"养生"旗号被贩卖的劣质"胶囊"等，更是充斥于专门做假货的伪劣产业链。

也许这个事实令人难以接受，可真相就是这样——热爱养生的人们，正在被坑得一塌糊涂。

## 02

《中国青年报》曾采访过一名非常注重养生的年轻人。

她习惯每天服用五六粒保健品："我和室友都在吃同一种能改善发质的保健品，不过我还加入了维生素配合服用。因为我的消化系统不好，所以我还购买了治疗消化系统疾病的胶囊。虽然眼下效果不太明显，但我仍在坚持服用。"她坦言，虽然目前还没看到效果，但由于自己已经吃习惯了，所以会一直吃下去。

我的前同事徐蕊，经常在办公室里宣扬她的保健心得：

## NO.2 所谓自律，就是更庄重地对待自己

"女生啊，过了25岁之后，真的是要对自己上心一点儿。"为了防晒和美白，她每天早上到办公室后的第一件事，就是吃下大量的维生素E和葡萄籽胶囊；为了消脂瘦身，她把所谓的水果酵素汁买来当水喝；为了改善皮肤，她买了一盒接一盒的胶原蛋白口服液……保健品并不便宜，她经常抱怨自己每个月都面临着还不上欠款的窘境。

从什么时候开始，年轻人"惜命"的方式不再是健康作息、均衡饮食，而变成了吃药？上班坐一整天，下班后又瘫在沙发上懒得动，却妄想通过吃减肥药快速减肥；害怕猝死，却无法自控地长时间熬夜玩手机，以为吃点深海鱼油就能心安理得地躲过疾病；一边狂吃垃圾食品，一边从各类养生茶里寻求安慰……

许多人企图用吃保健品的方式补救生活中的恶习造成的危害，可结果多半是钱花了，身体状况却毫无改善，甚至越来越糟。

### 03

我的一个远房亲戚许阿姨，被养生骗局坑了数十万。听

自律的人生更自由

她儿子说,老人家省吃俭用攒了二十年的退休金,不到半年就被骗得精光。

一开始,许阿姨只是在别人的介绍下参加了一次所谓的健康讲座。听完讲座,她居然收到了一些免费的鸡蛋和大米,于是,许阿姨开始乐此不疲地天天去听。讲座听多了,她渐渐觉得那些"养生专家"的话确实有道理:"你一生病,就会成为子女的累赘,成为家庭的负担。""现在不养生,以后养医生。今天不保健,以后养医院!"她先是试着买了两盒可以"增强免疫力"的口服液,结果一发不可收拾。那些推销保健品的工作人员,总是亲热地拉着她的手嘘寒问暖,一口一个"阿姨",不但每天8个小时陪聊天、陪买菜、陪做饭,甚至帮许阿姨洗脚、做按摩。许阿姨经不住推销人员的热情和洗脑,不停地往家里买保健品,直到衣柜里和桌子下都堆满了未开封的瓶瓶罐罐,家人才发现许阿姨受了骗。

有太多孤独而又没有谣言识别能力的老年人,在上着伪养生的当。骗子们利用心理学设计的套路环环下套,无力看穿骗局的老人只能沦陷。因此,有人说:"多关心关心你的父母吧,不然你赚钱的速度,根本赶不上他们被骗钱的速度。"

我深以为然。

第九次中国公民科学素质调查结果显示：2015年，中国具备科学素质的公民仅有6.2%。总有人相信喝两瓶口服液就能预防癌症，吃几片维生素片就能治疗老年痴呆。他们被商家特意制造的养生噱头坑得一塌糊涂，却仍然乐此不疲。

## 04

养生领域的谣言从来没有停止过。

有姑娘在网上发布文章，内容是总结自己的养生经验，逐条列出，再推销几款保健品，评论区的网友就觉得"好有道理啊"，于是纷纷购买，根本没思考过这背后的真伪和其间暗藏的利益关系。

当今世界，贩卖焦虑的文字和话语能以很快的速度传播开来。"猝死""癌症"等各种字眼和一些虚假宣传，不断刺激和放大着人们的焦虑。辛辛苦苦用命换钱的人，到头来再用赚来的钱去换命。然而，伪养生不但会让我们一贫如洗，更可怕的是还会毁掉我们的健康。

众所周知，过度摄入维生素，不仅会破坏人体内部环境的稳定,甚至可能导致中毒;过度补钙,容易诱发高钙血、肾结石等疾病;用"三无"保健品代替药品,更是会引发不可预料的灾难性后果……所以,别再坑自己了,乱吃保健品吃出疾病的例子真的比比皆是。

告别盲目养生的状态吧,健康饮食、规律生活、适当锻炼,这种规律作息比盲目养生靠谱太多。

NO.2 所谓自律，就是更庄重地对待自己

## 没有什么比好好睡觉更重要

### 01

有一位刚生完孩子的年轻妈妈，因为通宵玩手机而猝死。

当时，婆婆去房间喊她起床吃早饭。婆婆喊了两声，儿媳妇却一动不动。婆婆觉得奇怪，走近一看，发现儿媳妇躺在被窝里，眼睛还盯着手机，婆婆一摸，她的身体早已没了温度，变得僵硬了。经法医鉴定，这位年轻妈妈是因通宵玩手机而引起过度疲劳，突发心源性疾病导致猝死。

原来，这位妈妈每天晚上在照顾孩子睡着后都会长时间玩手机、逛淘宝、看视频、玩游戏……常常通宵不睡。就是这样一个坏习惯，让原本幸福美满的家庭，瞬间破灭了。

> 自律的人生更自由

"90后"普遍习惯晚睡。据可靠的调查显示,有接近一半的"90后",在晚上11点—12点睡觉;还有22.4%的"90后",要在深夜1点之后,才肯把自己调成"睡眠模式"。

我们在享受熬夜带来的快感时,无时无刻不在接受着熬夜带来的惩罚。

曾有一张图概括了熬夜的危害,总结下来就是一句话:"熬夜会使你变胖、变丑、变笨、变傻、记忆力下降、免疫力下降、容易生病,患上癌症的概率也可能比别人要大得多。"然而,多少人明知道这些危害,却还在战战兢兢地熬过最深的夜晚。

这个时代,不熬夜,成了我们最难实现的自律。

## 02

某地一名学生,连续多天熬夜后,患上藏毛窦——骶尾部臀裂处有一条深沟,多根毛发像尾巴一样生长出来。藏毛窦原本属于罕见的疾病,但近几年,这种病在我国的发病率却有逐年上升的趋势。由于电脑、手机等电子产品用户增多,熬夜人数增加,推升了藏毛窦的患病率……

## NO.2 所谓自律，就是更庄重地对待自己

中国医师协会睡眠医学专业委员会调查显示：年轻人猝死、脑出血、心肌梗死90%都与熬夜有关，而超过70%的年轻人有熬夜习惯。

许多人也曾分享自己熬夜的教训："经常熬夜会丧失食欲，加上我自己还不太爱喝水，最后不仅肾虚，还尿血。""我熬夜三年多，一年前突然耳聋，现在我的左耳已经听不见声音了。""我的闺密是护士，值夜班四年后，得癌症去世了。""我三个月没来月经，检查出得了卵巢多囊症，最近快闭经了，继续恶化可能影响以后怀孕。"

曾经熬过的夜，总有一天会令你面目全非、疾病缠身。

### 03

熬夜=变丑。有人曾晒出自己17岁和22岁时的对比照。短短几年时间，熬夜几乎改变了他的容貌。熬夜，不光会让你面临患疾病、猝死的风险，还会让你变丑。

熬夜=长胖。美国一项历时16年的跟踪研究发现：每天平均睡5小时的人，比睡6小时的人增重多；睡6小时的人，又比睡7小时的人增重多。也就是说，睡得越少，越容易长

胖。如果一个人连续两晚睡眠时间小于4小时，瘦素水平会降低18%，饥饿激素会增加20%。瘦素的功能是抑制食欲，减少能量摄取，增加能量消耗，抑制脂肪合成。瘦素降低，就会提高长胖的概率。

熬夜＝变老。有人戏言："用着最贵的眼霜，熬着最长的夜。"其实，用再贵的护肤品，也不如早睡效果好。一名46岁的女性参加过一项睡眠实验，她连续5天每天只睡6个小时，与她之前睡满8个小时的状态相比，5天后她整个人仿佛老了10岁。相信很多人都有这样的体验：熬夜之后，第二天迎接自己的，是浮肿的眼皮、暗黄的皮肤、大大的黑眼圈……

熬夜＝脱发。经常熬夜的人，无论是在工作还是在娱乐，大脑都会处于高度紧张的状态，这会导致头皮血液循环不畅，从而造成毛囊萎缩、频繁掉头发。长期作息不规律引起的内分泌失调，也会导致脱发。

睡眠是大脑清理垃圾的过程。人脑每天要消耗掉身体1/5到1/4的能量，同时也会产生大量的垃圾。如果长期不断地积累垃圾，却不进行清理，就像运作太久的电脑，迟早有一天会崩盘死机。

## NO.2 所谓自律，就是更庄重地对待自己

继续熬夜，只会让你逐渐发胖、发际线后退、面容憔悴、皱纹加深……你，真的想这样吗？

## 04

越是成功的人，越懂得规律作息、深度睡眠的重要性。

本杰明·富兰克林，每天过着"晚十早五"的生活。

科比，每天凌晨4点起床去投篮。他说："10多年过去了，洛杉矶街道早上4点的黑暗依然没有改变，但我已变成了肌肉强健、有体能、有力量、有着很高投篮命中率的运动员。"

村上春树，凌晨4点起床写小说，晚上9点就睡觉，坚持了30多年。他说："当你做一项长期工作时，规律性有极大的意义。"

余华，从不熬夜写作。他从写稿的第一天起，就给自己立下规矩：离开书桌就不想小说里写什么。

心理学上有一个术语"代偿机制"。熬夜的快感，其实正是源于我们的消极性补偿心理：白天的时间被学习和工作占得满满当当，只有晚上才能拥有独处的时间。所以，明知熬夜不好，却还是希望通过熬夜来弥补这一天的遗憾。

然而，真正优秀的人，该睡觉的时候睡觉，该工作的时候全身心投入工作中。他们知道，人生不是短跑，而是一场马拉松。如果你在半路就耗尽了所有的能量，那么终点的成功必然遥不可及。

## 05

几条建议，送给喜欢熬夜的你：为自己买个舒服的床垫，还有最适合自己的枕头；手机不要带到床上，要记住，床只是用来睡觉的地方；睡前3小时内不要进食，最好洗澡、看书、听点舒缓的轻音乐；不要为了明天的工作而焦虑，没有什么比当下的睡眠更重要。

别再心存侥幸地熬夜了，欠下的睡眠债，总有一天会要你加倍偿还的。

## NO.2 所谓自律，就是更庄重地对待自己

## 与其讨好别人，不如取悦自己

### 01

前几年看过一则关于家庭主妇的公益广告，至今记忆犹新。

厨房里，妈妈正在给儿子做午餐盒饭。儿子一边匆匆忙忙地穿鞋，一边连声抱怨："为什么不早点叫我起床？你这不是害我迟到吗？"他从没想过，妈妈每天早上6点就要起床做全家人的早餐，同时还要准备好午餐盒饭，即便没有获得表扬，她也不应该受到指责。他也不知道，其实妈妈已经进了他的卧室好多次，但看着他因为学习到深夜而疲倦的睡颜，忍不住想让他多睡5分钟。妈妈听着儿子的抱怨，内心无比委屈，却什么也没说。

自律的人生更自由

客厅里，电话响了，妻子正在厨房洗碗。老公就坐在客厅的沙发上悠闲地喝茶、看报，却没有要接电话的迹象，而是慢吞吞地朝着妻子喊："喂，电话响了。"洗衣机出故障的时候，老公对着妻子喊："喂，洗衣机坏了。"……仿佛做一切都是妻子的义务，自己连动一动手指也不肯。想到丈夫一如既往的甩手行为，妻子脸色一变，内心火冒三丈，却什么也没说。

深夜，迟迟未归的女儿终于回到家。妈妈开心地招呼她："回来啦？我做了你最喜欢吃的炸虾。"女儿轻飘飘地扔下一句："我已经在外面吃过晚饭了。"随后头也不回地径直走向自己的房间。女儿不知道，妈妈为了做她最爱吃的炸虾花了多少时间，在客厅里等她回来等了多久。妈妈觉得心很累，依然一句话也没说。

就像克里希那穆提在书中写的那样："正是因为内心没有爱，所以才不停地从外面寻找爱来填满自己。"许多家庭主妇总是极力迎合身边最亲的家人，希望用自己的付出引起他们的关注，最终不仅所有的付出被视为理所当然，而且一再遭到身边人的嫌弃。

## NO.2 所谓自律，就是更庄重地对待自己

## 02

朋友中，嘉嘉是公认的老好人：她总是对别人有求必应，宁愿委屈自己也要拼命迎合别人的喜好。

谈恋爱之后，这种讨好型人格在她身上更是表现得淋漓尽致。她和男友是异地恋，每次放小长假，都是嘉嘉去男友的城市找他，帮他打扫房间、洗衣服，为了做一顿他最爱吃的乌鸡汤而跑遍附近的菜市场。

有一次，男友生病了，嘉嘉着急得连夜坐了12个小时的火车去找他。当她终于抵达车站给男友打电话时，男友的声音听起来却非常不高兴："你要来怎么不提前说一声？"然后不断埋怨她，说自己正和朋友在酒吧喝酒，她来了，他的兴致全被破坏了。

本以为自己的无悔付出能换来对方的死心塌地，但嘉嘉最终还是失去了他。

讨好型人格的人，总是卑微地努力讨好别人。他们活得极度恐惧和敏感，对他人的感受十分在意，对自己的需求置而不理。然而，在人际关系中，你越是低到尘埃里，别人就

> 自律的人生更自由

越不会把你当回事；你越是小心翼翼地讨好别人，换来的关系越是不堪一击。

## 03

曾有一位知名作家在节目中坦言自己是讨好型人格。

在恋爱关系里，吵架时男友不停地打电话骂她，她道歉了2个小时，最后看着来电显示焦虑恐惧，却不敢说一句"我生气了"；在工作中，有时候觉得对方说得完全不对，她也会恭恭敬敬地说"老师您说得太对了"；日常和朋友的相处中也是这样，她从来不会表达自己的不满，经常没有自己的原则和底线；甚至在节目上，看到有观众打哈欠，她也会忐忑不安地想，自己是不是做错了什么。

讨好型人格的人，有以下几种特征：不懂得拒绝别人，就算是自己很难办到的事情，也会硬着头皮答应下来；内心极度敏感，害怕冲突，害怕麻烦别人；缺爱，缺乏安全感，从心底里觉得自己不值得被爱，所以拼命对别人好，从而换取别人一点点的喜欢……然而，长此以往，情况到最后往往会变得越来越糟：你越讨好别人，别人越不在乎，最后你只

## NO.2 所谓自律，就是更庄重地对待自己

能成为那个付出最多却最没有存在感的人。

曾有人说过这样一句话："以前我很害怕得罪人，不敢提要求，不敢说错话，怕冷场，怕被忽略，怕对方不高兴，诚惶诚恐地面对所有人。遗憾的是，我并没有得到相应的尊重。"

你待人和善，有人会说你心机重；你为人着想，有人会说你假惺惺；你步步退让，有人会说你没骨气。无论你如何小心翼翼，都有人能挑出毛病。

一味取悦别人的人，一辈子都活在他人的评价里，忽视了自己的价值和感受，维持着不稳定的关系，过得战战兢兢，举步维艰。

## 04

村上春树说："不管全世界所有人怎么说，我都认为自己的感受才是正确的。无论别人怎么看，我绝不打乱自己的节奏。"

将自己的感受和需求摆在首位，是非常重要的。我们要先学会取悦自己，再用一颗平等的心去与人相处。要知道，即便为了讨好别人而放弃自己的底线，别人也不会因此而喜

欢或尊重你。释放真实的自己，重视自己的感受，才是与家人、朋友交流的正确态度。

你不必委屈自己去取悦任何人。活得真实、坦然的你，更值得别人喜欢。

# NO.3
## 自律,
## 是消除痛苦的重要途径

[自律的人生更自由]

## 不纠缠，是一种人生大智慧

### 01

曾看过这样一个问题："碰到烂人、烂事该如何处理？"参与讨论的网友很多，点赞数量最高的回答是："不纠缠，是最好的处理方法。"

### 02

某地，一辆公交车在行驶过程中，一名老汉突然要求下车。公交车司机耐心地对他说，请他稍等，在前方十几米处就有站台，到了那儿他可以安全下车。老汉却态度强硬，多次抢夺司机的方向盘，幸好没有对车上的乘客造成伤害。司

## NO.3 自律，是消除痛苦的重要途径

机紧急靠边停车，熄火，然后再跟老汉解释。司机一边解释，一边拿出手机打了报警电话，事件得以安全解决。

在这起突发事件中，司机没有与不讲道理的人纠缠，使得车上的人脱离了危险。若和老汉纠缠不休，很有可能导致整车人赔上性命，上演数不清的家庭分崩离析的悲剧。

生活中，有太多的"巨婴"，他们满身戾气，习惯把别人当作自己的出气筒。经济学上有一个概念，叫"机会成本"，指的是将特定的资源用于某种经营活动而取得的收益，是以放弃将该资源用于其他有利可图的经营活动为代价的。这种代价的最大预期收益就是机会成本。同理，人生最大的悲剧便是，和烂人、烂事纠缠一辈子，失去了做其他更有意义的事情的可能性。

遇到素质低下的人，请切记，永远不要和他们纠缠。

### 03

一名男子和一位推着婴儿车的妈妈因琐事发生口角，双方激烈争执。男子一怒之下不仅殴打了那位妈妈，还将婴儿车中的孩子举过头顶摔在地上，孩子当场死亡。

自律的人生更自由

在某旅游胜地旅行的一个女孩,凌晨去一家烧烤店吃烧烤。隔壁桌的男子不断地言语挑衅,女孩心里不忿,冲过去质问,竟被那群男子围殴至毁容。

某女演员在男友的陪同下前往医院探望亲人。在住院部拐角处,他们不小心和一名醉汉相撞。醉汉对着他们骂骂咧咧,他们气不过,同醉汉理论起来。突然,醉汉掏出刀子,冲女演员连捅两刀,该演员当场死亡;醉汉仍不罢休,继续丧心病狂地追着其男友砍杀,导致其男友腿部被砍三刀。

……

世界上存在很多充满负面情绪的人,他们需要找个地方宣泄,碰上谁,就往谁身上丢"垃圾"。我们无法改变这类人的品性和素质,但我们可以选择不纠缠。永远别高估某些人的人性,低估自己面临的危险。你用嘴巴讲理,他用拳头玩命。我们要时刻记住一句话:"惹不起但躲得起。"有时候,"认怂"不是一种懦弱,而是一种远见与智慧。

## 04

一个下雨天,我和朋友小心翼翼地走在马路边上,唯恐

## NO.3 自律，是消除痛苦的重要途径

踩到积水溅自己一身。不料，一辆大红色的轿车呼啸而过，我和朋友全身都被溅起来的积水淋湿了。我还好，穿着一件黑色的防风外套，污渍不太明显；朋友就惨多了，一身白色的连衣裙被污水弄脏，显得狼狈不堪。更可气的是，那辆红色轿车的车主居然停车，摇下车窗回头冲我们吹了声口哨。原来他根本就不是无心的，而是故意的！我气得捏紧拳头，准备冲上去和他理论一番，朋友却拉住了我。她摇了摇头，小声地对我说："我们快走，不要和这种人计较。"现在想来，不禁一阵后怕：如果我当时被愤怒冲昏了头脑，非要去和那种人争执，会产生什么后果？

这让我想起了电影《荒蛮故事》中的一个情节：

一个中产阶级男人，开着一辆奥迪车行驶在荒野的公路上。前面有个"乡巴佬"壮汉，开着一辆破车故意不断变道挡他的路。奥迪车主气急败坏地辱骂了对方，并对他竖起中指，超车后扬长而去。不巧，奥迪车中途爆胎，车主停车换胎的时候，"乡巴佬"开车追上来了。奥迪车主连忙躲进车里，"乡巴佬"不怀好意地下车挑衅，砸碎奥迪车的玻璃，甚至爬到车顶上拉屎。经过一番纠缠，奥迪车主忍无可忍，一踩油门将对方

连人带车顶人河中，后来又企图撞死对方。不料，途中轮胎脱落，车子失控冲下了河堤，"乡巴佬"也冲下去，与奥迪车主在车内互殴。最后，"乡巴佬"点燃油箱，两人一同被困于车中烧死。警察赶来时，只看到两具紧紧扭抱在一起的焦尸。

尼采说过："与恶龙缠斗过久，自身亦成为恶龙。"如果奥迪车主一开始就不计较"乡巴佬"的恶意挑衅，便不会引发后来的争斗，也不至于因为一个素质低下的陌生人而赔上自己的性命。和没有素质的人计较过多，结局多半只会是输。

## 05

最近我读到一篇文章《生气的骆驼》，其结局令人深思。

一头行走在沙漠中的骆驼，被一块玻璃碎片硌到了脚。骆驼火冒三丈，抬起脚狠狠地将玻璃碎片踢出去，脚掌却被划开了一道深深的口子。鲜血染红了脚下的沙漠，血腥引来了秃鹫，它们一路追着骆驼盘旋；骆驼流着血狂奔起来，跑到沙漠边缘时，浓重的血腥味又引来了附近的狼；骆驼疲于奔命，如无头苍蝇般东奔西突，仓皇中跑到一处食人蚁的巢穴附近，食人蚁倾巢而出，黑压压地将骆驼包围得严严实

## NO.3 自律，是消除痛苦的重要途径

实……临死时，骆驼后悔道："我为什么要跟一块小小的碎玻璃生气呢？"

那块小小的碎玻璃，像不像出现在我们生活中的烂人、烂事？

挪威某心理学家曾提出过"心理衍射论"，指的是"因为过于关注某些小事情，而导致精力无法集中于真正有价值的事情上"。我们不与烂人、烂事计较，是因为我们知道，在"沼泽地"停留太久，只会越陷越深。人生苦短，我们需要把精力花在更值得的地方。

网上流传过这样一句话："18岁的时候，谁惹我我就揍谁。现在，谁惹我我都不吭声了，毕竟我现在已经28岁了。"一个人成熟的标志，是不再锱铢必较、不再企图与人争个你死我活，是学会保护自身、学会不纠缠。

面对烂人、烂事，请主动"认怂"，早点远离险境。毕竟，及时止损，才是一个人应该有的高级智慧。

自律的人生更自由

## 与其躺到病床上后悔，不如现在就做出改变

**01**

看过一个揪心的短片，短片开头提出了这样一个问题："如果生命到此为止，你是不是没有任何遗憾？"

你敷着昂贵的面膜，胆战心惊地熬着漫漫长夜；你在凌晨3点，转发遥远城市有人猝死的新闻，再给自己定了5个起床闹钟；你听闻某个朋友得了癌症的消息，难过之余，也开始担心自己会不会得癌症；你嘲笑父母总是被宣传养生的文章唬住，转身自己却购买了一瓶瓶枸杞；你总说你没空健身，却在医院排队消耗了更多时间；你常常自嘲连体检的钱都没有，却不知道重症监护病房的费用可以迅速榨干整个家庭的

## NO.3 自律，是消除痛苦的重要途径

积蓄……

你，还要这样过下去吗？

## 02

我们永远不知道明天和意外哪个先到来。

一个小伙子，年仅27岁就被确诊为直肠癌。去医院做检查的前几天，年纪轻轻的小伙子刚刚求婚成功。当癌症以一种迅雷不及掩耳的姿态闯进他的生命时，他才开始意识到自己以前的生活方式是有多差劲。

因为创业压力大，他经常加班到凌晨，实在撑不住了就趴在办公桌上睡一会儿，起来后继续对着电脑奋战到天亮；长期喝冷饮，平时用冰可乐、冰奶茶代替白开水；夜宵喜欢吃油腻的烧烤，五花肉和肥肠是他的最爱；外卖总喜欢点口味很重的川菜，顿顿饭无辣不欢，最讨厌吃绿叶蔬菜；工作时经常久坐不动；健身更是不可能的，因为他在偶尔得闲的时间里，只想躺在床上好好睡个懒觉……

有这样一组数据：中国平均每天有超过1万人被确诊为癌症，相当于平均每分钟有7个人患上癌症。

如今有多少年轻人，嘴上说着要养生，却迟迟不肯改变自己的饮食、作息习惯。他们肆无忌惮地透支自己的健康，直到无法挽回，才追悔莫及。

## 03

在这个以瘦为美的时代里，女孩们总是希望自己瘦一点，再瘦一点。然而，对骨感身材的极端要求，正在毁掉那些人的健康。

有人分享过这样一件事：她的表姐是某三甲医院的医生，曾接诊过一位挺出名的女明星。当时女明星的状态已经十分危险，被送进了重症监护病房。经纪人坦言，该女明星经常暴饮暴食，当天，她一口气吃了好几只炸鸡，然后催吐。对她来说，为了保持苗条的身材，进食后催吐已经成了一种常态。她经常在半夜订夜宵，一个人吃掉四五人份的量，然后再全部吐出来。

世界上有很多傻女孩，为了保持身材而采取"催吐"这种极端病态的方式。这个群体有一个特殊的代号，叫"兔子"。她们为了在减肥的同时还能享受美食，每天用手抠、插

## *NO.3* 自律，是消除痛苦的重要途径

管等办法把吃进去的食物再完全吐出来。一开始她们只是和很多正在减肥的女生一样，每天严格控制饮食的热量。然而，一旦多吃了一块肉，摄入的卡路里超标了一点，她们就会沉浸在无尽的焦虑和自我厌恶之中，于是，她们选择了催吐。长期催吐，反流上来的胃酸不但会严重腐蚀牙齿和食管，甚至可能导致多个器官溃疡及癌变。

全世界大概每一个小时就有一个人死于神经性进食障碍症。当死亡临门，我们所追求的"骨感"，真的还重要吗？

## 04

我们需要用多大的代价，才能认清活着的意义？

不要等到痛苦将你侵蚀，不要等到一切都来不及了，你才开始寻求改变。从今天开始，早睡早起，吃营养丰富的早餐，每天喝满八杯水；戒掉碳酸饮料，戒掉烧烤，多吃膳食纤维丰富的水果和蔬菜；拒绝熬夜，拒绝日夜颠倒的生活，拥抱清晨的微风与阳光；学会运动，做有氧操、无氧运动、瑜伽，跑步，快走，让自己的身体充满活力。

生命是一张单程票，不要浪费了它。

## 精简社交圈，还自己的世界一份清静

### 01

成年后，我们每天的生活趋向于简单的两点一线。越来越窄的交际圈，让我们很难认识新朋友，因此也更加珍惜每一份情谊。然而，生活中总有一些人喜欢无端伤害你、用恶意的目光揣测你，让你一次又一次地陷入痛苦之中。对这样的人，还有比"绝交"更高效的解决问题的方式吗？

有人说："如果你可以绝交却不绝交，就是同意别人伤害你。"不要为没有必要的人浪费时间、耗损精力，遇到这样的人，你完全可以在心里筑起一道屏障，从此和他们隔离开来。

## NO.3 自律，是消除痛苦的重要途径

## 02

作家艾小羊讲过这样一件事。

一个微胖的女孩，从心底里和一个女同事绝交了。那个女同事有一个特点，总是喜欢自以为是，你越不爱听什么，她就越说什么："你那么胖，就不要穿浅色衣服了。""你看谁谁谁就在减肥，你怎么还不减？"微胖女孩曾很严肃地对她说："第一，我胰岛素高，减肥很困难。第二，我不在意自己稍微胖一点。"女同事立刻反驳道："没有减不下来的肥，只有不够坚定的心。你肯定也想瘦，就是对自己不够狠。"从那次以后，女孩就默默地在心里和那个女同事绝交了——无论她再说什么自以为是的话，女孩都主动屏蔽，假装没听见。

总有这样一群人，自以为见多识广，从不理会别人的苦衷，总是急于给别人贴标签。可这个世界本身就是多元化的，每个人都有自己的活法，大家都有各自不同的生活轨迹。所以，凭什么用你那浅薄的见识和眼界，随意评价别人呢？

"看她化那么浓的妆，肯定不是什么好姑娘。""你都35岁了还没谈过恋爱，别是生理或心理上有什么问题吧？""你

都工作这么多年了，还穿平价鞋，肯定是不会生财、理财的人。""她总是在社交平台发一些吃吃喝喝的照片，一看就不会过日子。"……

英国作家威·赫兹里特说过："偏见是无知的产物。"真正有修养的人，懂得尊重别人的不同，从不对别人的生活指手画脚。过好自己的生活就好，何必总对别人指指点点，把刻薄当作直爽呢？

遇到喜欢随意评价和揣测别人的人，请尽早远离，还自己的世界一份清静。

## 03

一个女孩觉得自己与男友性格不合，认真考虑后选择分手。本以为不合适就该好聚好散，没想到男方竟甩出一句："好吧！那你把钱还给我吧。"原来，男方仔仔细细地做了一张表格，上面详细记录了从恋爱开始到他们决定分手时他为这个女孩花费的金钱数目。从1元的微信红包，到最贵的36.9元买到的"迪奥口红"，林林总总算下来，共计177元。姑娘二话没说，直接把钱给他，再也不想和他有任何瓜葛。

## NO.3 自律，是消除痛苦的重要途径

作家倪匡说过一句话："带着计算器，不断算计的人，不论男女，都不会有真爱。"和某些人相处很累，因为他们总喜欢计较一些蝇头小利，对每一分钱都精打细算，对每一次付出都想要有回报。

好友萱萱和男友分手，也是因为无法忍受男友斤斤计较的性格。两人约会期间，吃饭、看电影等任何消费，都是平摊费用。甚至连一起去便利店买些小零食，男友都要点开手机自带的计算器，计算平摊后的费用。萱萱心塞不已，但还是不断安慰、说服自己："他只是对钱敏感了些，其他方面还是不错的。"

有一次，萱萱在家突然发起高烧，全身无力，于是打了个电话给男友。男友匆忙赶来，送生病的萱萱去医院就诊。烧得昏昏沉沉的萱萱靠在椅背上，刚想对男友说句感谢的话，男友却支支吾吾地开口了："那个……医生给开了些药，加上门诊费和打点滴的钱，一共是230块，你看是现在给我还是……"萱萱听到男友这样说，彻底崩溃了，大声吼道："你现在穿的那双名牌鞋，是我省吃俭用存了两个月的工资给你买的，我找你要钱了吗？有段时间你天天加班，我每天炖排骨汤

给你送到公司,我找你要钱了吗?逢年过节我给你爸妈寄去的特产、补品,我找你要钱了吗?我掏心掏肺地对你好,现在我生病了,难受得要死,你非得在这个时候跟我算钱算得那么清楚吗?"

真正的死心只需要一瞬间。那一秒,萱萱只想彻底远离他的世界。

有些人并不是真穷,而是"心穷"。精神上的匮乏,让他们除了眼前的蝇头小利,再也看不到其他。

太多的算计,只会让一段感情变得面目全非。遇到这样"心穷"的人,还是趁早跟他说再见吧!

## 04

女生A讲过自己的一段经历。

她对海鲜严重过敏,所以平时根本不敢碰海鲜。有一次她跟几个好友聚餐,大家提议去吃海鲜。朋友B马上说:"A对海鲜过敏,吃点其他的吧。"由于聚餐的有五个人,A就表示不想因为自己一人而扫了大家的兴,而且她也可以点其他菜吃,于是大家就一起去了海鲜饭店,别人吃海鲜,A就吃粥

## NO.3 自律，是消除痛苦的重要途径

和两个小菜。中途，A和B去洗手间的时候，另一个好友C迅速剥了几只虾，撕成块状搅和进A的碗里，还对其他人说："海鲜那么好吃，不吃多可惜。A太矫情了，我们都不说，等她吃完再告诉她，看她到底过不过敏。"

A回来后，边喝粥边和大家聊天，突然觉得舌头发麻，几分钟后开始出现胸闷、头晕的症状，接着便不省人事了。而造成她过敏性休克的罪魁祸首C，自始至终都没有真诚地跟她道过歉，后来还到处跟别人说："谁知道她会过敏到那种程度，我又不是有心的。"

把自己的无知当作天真，把别人的苦衷当作矫情，这种人实在是太可怕了。这个世界上，总有些人喜欢用他人的生理缺陷来取乐，完全不顾及他人的感受，自私到了骨子里。

我们常常会听到类似这样的话："什么酒精过敏，你不喝就是看不起我。""吃个鸡蛋怎么会过敏呢？我看你就是挑食。大家吃了都没事，你也吃吃看嘛。"这样的人，没有同理心，完全无法站在别人的立场上考虑问题。就如戴尔·卡耐基在《人性的弱点》中所说的："只为自己着想的人是无药可救的，也是不会受到教育的。他们是没有教养的人，无论他受过什

么样的教育。"

一个人的教养中，必须有为他人着想的善良，理解别人的不易，懂得换位思考。遇到不懂换位思考的人，请尽可能地与其保持距离，否则你总有一天会被他折磨得筋疲力尽。

## 05

层次越高的人，越善于及时止损。比起无休无止的争吵、仇恨与耿耿于怀，彻底断绝来往才是远离一个人最好的方式。

毛姆曾说过："每个人在这个陌生而残酷的世界中停留的时间都那么短暂，却还要处心积虑地让自己如此不快乐，实在是很奇怪的事情。"

我们都该学会断、舍、离，不为无谓的人浪费时间和精力。如果可以，请用心精简你的社交圈，尽早还自己的世界一份清净。

## 守好原则和底线，不做任人拿捏的"软柿子"

### 01

我闺密在北京跟人合租，跟她合租的舍友K，一开始对她客客气气的，两人相安无事。然而，时间久了，也许是看我闺密老实好欺负，K便对她越来越不客气。

公用的洗手间，原本说好轮流倒垃圾，可轮到K的时候，不知是有意还是无意，她总是不倒。炎热的夏天，用过的手纸直接堆放在垃圾桶里，甚至生了好多小虫子，K都不扔。闺密被恶心得没办法，只好默默包揽了倒垃圾的活儿。

一起外出吃饭，两人各点了一碗拉面，闺密又追加了一份鸡块。鸡块上来后，闺密刚准备夹着吃，K笑着开口了：

"你说你都这么胖了,还敢吃油炸食品?"边说边把那盘鸡块往自己的方向拉,全然不顾闺密因尴尬而变红的脸。

闺密平时喜欢网购一些沐浴露、洗发水等日用品放在浴室里备用。K偷偷用了好多次,每次用完,盖子也不拧紧。闺密发现后也没多计较,就是长了个心眼,再也不在浴室放那些东西了。

然而,有天晚上闺密洗完脸涂护肤品的时候,发现自己平时舍不得用的、1000多元的"神仙水"都快见底了。原来K经常趁着闺密不在家的时候,偷偷溜进她的房间用她的护肤品。

闺密找我求助,带着哭腔发来一段语音:"怎么办啊,我又不敢跟她吵架,每次都只能默默忍受。"殊不知,过分的牺牲和忍让,只会让对方越来越骄纵,一直把她当"软柿子"捏。

《生活大爆炸》里有句台词:"如果你太善良,这个世界将把你啃得尸骨无存。"善良是很珍贵的,但如果善良生不出锋芒,那就是软弱。

你的隐忍懦弱,只会让别人越发肆无忌惮;你的一味退让,只会让别人更加得寸进尺。

## NO.3 自律，是消除痛苦的重要途径

### 02

自媒体作家晚晴讲过这样一件事。

她和两位故人见面，其中一位红光满面，神采飞扬。晚晴笑着调侃："看来日子过得很不错嘛！"朋友幽默地说："自从当了'泼妇'，日子那叫一个舒心。你看她，整天愁眉苦脸的，就是因为什么人都要忍，什么事都要受，搞得自己肝气郁结，还得看中医。"

当了"泼妇"后，那些欺软怕硬的人，看见朋友的"泼妇"样儿，都自动远离。上级不公正？那是对别人。那些喜欢嚼舌根的人，看到她就自动闭嘴了。她的日子简直舒服极了。

遇事总是无底线地委屈自己的人，日子久了，把自己气出病来毫不奇怪。反之，做个"不好惹"的人，也许才是在这个复杂社会的生存之道。

### 03

作家三毛有过一段出国留学的经历。

在闷热的机场，父母抹着眼泪为她送行，并再三叮嘱

> 自律的人生更自由

她:"在外为人处事,要有中国人的教养,凡事要忍让,吃亏就是占便宜。万一跟人有了争执,一定要想:退一步海阔天空……"三毛默默记在心里。

刚到住处的时候,外国女孩们对她都很好,大家都抢着整理内务。然而,三个月过去后,铺床、擦桌子、洗地板、清理废纸,全都变成了三毛的任务。不光如此,三毛的衣柜也变成了"时装店",每天都有不同的女同学来向她借衣服。三毛变成了保姆般的存在,室友们每天都吩咐她做许多事:"三毛,下雨了,快去收我的衣服。""三毛,我在外面吃晚饭,你醒着别睡,替我开门。""三毛,快下楼替我去烫一下那条红裤子,我回来换了马上要出去。""三毛,今天院长骂人了,你怎么没扫地?"三毛忍了又忍,默默承包下了所有的杂事,心情却越来越郁闷。

有天晚上,室友们喝了酒,跑到三毛的床上撒酒疯。院长来查房,误以为是三毛带的头,劈头盖脸地骂了三毛一顿。三毛的委屈和愤怒,一下子像火山一般爆发出来,她拿起扫把朝着室友们又打又叫。从那以后,没人敢再欺负三毛了,大家反而都主动来向她示好。

# NO.3 自律，是消除痛苦的重要途径

余华说："当我们凶狠地对待这个世界时，这个世界突然变得温文尔雅了。"当你摆出自己的底线和原则，该拒绝的时候拒绝，该强硬的时候强硬，别人反而会更加尊重你，不再轻慢。

## 04

总有一天你会明白，人不能太善良，因为人们向来只会挑"软柿子"捏。做一个"不好惹"的人吧，都是第一次做人，凭什么要像软柿子般，任他人捏玩？对待有些人真的不能太温柔。

当我们开始真正爱自己时，我们才会认识到，所有的痛苦和情感的折磨，都只是在提醒我们："活着，不要违背自己的本心。"人生苦短，请让自己的善良生出锋芒。

自律的人生更自由

## 远离无理性的"善人",避免被侵害的人生

**01**

某游乐场内,一个七八岁的小男孩,不知是有意还是无意,碰到了一个女生的屁股。女生说了小男孩几句,男孩的妈妈就爆发了:"碰到了就碰到了,你屁股没给人摸过啊?""你有被害妄想症吧?长成那样谁要摸你屁股啊?"不仅大骂脏话,手也没闲着,扯起帽子就往女生脸上扇,还把那个女生扯来搡去。

看到这条新闻,大多数人都在指责这个妈妈没素质、不会教育孩子。然而,还是有一些人发出了这样的声音:"一个小孩而已,摸了就摸了,小孩懂什么,顶多是打招呼的一种

## NO.3 自律，是消除痛苦的重要途径

方式。""游乐场那么多人排队，磕磕碰碰也挺正常的，地铁上天天都有可能发生这种事情。说到底，这个女孩就是没有公主命偏要犯公主病——社会是不会惯着你的。"

他们指责被打的女生思想太龌龊：小孩子懂什么，肯定是不小心碰到的，有什么值得斤斤计较的。他们同情摸人的小孩：幼年的心理阴影很大的，都怪那个女生小题大做，让小孩以后还怎么做人？

这样的发声者，看似很有爱心，处处为小孩着想，但，怎么不为那个受害的姑娘着想一下？低智慧的"善人"，总是是非不分。他们习惯自以为是地站在"弱者"的一方，逻辑混乱，忽略事实。

"他投诉外卖员了，真没爱心！""他居然不认自己的亲生父母，真是活该当初被抛弃！""他怎么可以打骂别人家小孩呢，就算小孩再怎么调皮，也要宽容一点呀。"……他们不去了解事实真相，不去同情受害的一方，反而崇尚对恶毫无原则的包容。

罗素说过："若理性不存在，则善良无意义。"世间最大的恶，往往是以善良之名肆意妄为。

自律的人生更自由

## 02

有个妈妈，因无知害惨了自己的孩子。

不久前，八个月大的孩子开始拉肚子，用了很多药也没有太好的效果。这时，村里的老人热心地给她推荐了一个偏方："听说用无花果叶子煮水泡脚，可以治疗拉肚子。"这个妈妈听后，马上去采了几片无花果叶，拿回家煮了给孩子泡脚。几个小时后，孩子的脚开始起大水泡，还出现了红肿的迹象。将孩子送去医院皮肤科检查，医生确诊："这是化学性灼伤，不但会遗留疤痕，甚至会造成关节功能受损。"给她推荐偏方的人，也许是出于好心，却导致了意想不到的灾难。

苏格拉底说："无知的人是没有资格行善的。"无理性、无智慧的"善人"，往往缺乏常识却又过于自信，害人于无形。

数年前，山东一个婆婆执着于老一辈人的经验，坚持让坐月子的产妇在大热天里穿长衣长裤，捂在被子里，不开空调，导致产妇中暑身亡；无独有偶，几年前，广州一个母亲道听途说，用敌敌畏给全身皮肤瘙痒的女儿止痒，导致女儿中毒昏迷……

心理学上有个词，叫"达克效应"，简而言之，是说那些

## NO.3 自律，是消除痛苦的重要途径

各种能力较弱、认知水平较低的人，反而更喜欢自以为是。

正如罗素所言："我们这个时代令人不快的事之一，就是那些确信无疑的人总是很蠢。"并不是做一件事只要出于善良的动机，一切失误就都可以得到原谅。

无知的善良，感动了自己，害惨了别人。

### 03

有位自媒体作者讲过这样一件事。一个朋友，母亲在生她时难产去世了。父亲整日沉迷于吃喝玩乐，喝多后回家就对她拳打脚踢。到了适婚年龄，父亲为了五万元的彩礼，竟然要把她嫁给村里一个大她11岁的智力障碍者，为此她喝了农药，在鬼门关走了一遭，才逼父亲放弃了这个想法。从那以后，她便离开家乡，独自外出闯荡。一个年轻的姑娘，一个人度过无数个漫长的黑夜，尝遍了常人难以想象的辛酸。

终于在26岁的时候，她遇上了那个真正对她好、心疼她的人，两人结婚生子，日子过得安稳又幸福。就在这时，她的父亲被查出胃癌晚期。也许是癌症使父亲清醒了，他找上门来求她原谅。她同情父亲的处境，却没办法原谅他对自己

所做的一切。身边的亲戚都骂她无情："血浓于水，有什么放不下的，用得着记仇这么久吗？"然而，事情没有发生在他们身上，他们不会知道有多痛。

无理性的"善人"，无法做到换位思考，他们总是喜欢和稀泥，喜欢劝人原谅。然而，你没有真正经历过别人的生活，又怎么能劝别人宽容大度？以德报怨，何以报德？别人对你很差，你还对他好，那你怎么对得起那些对你好的人呢？有人说："我是有仇必报的人，对待曾经伤害过我的那些人，我做不到以德报怨。"

我们从小就被教育："与人交往要大度、宽容。就算别人欺负了你，你也不能欺负回去，只能用'德行'去感化他。"但是，凭什么呢？生而为人，谁的生活又曾容易过？对恶无原则地包容，本身就是一种恶。

不顾当事人的感受，一味提倡以和为贵、劝人宽容，实在是一种低智慧的善良。

## 04

2015年，德国民众评选年度恶词，排名第一的恶词居然

## NO.3 自律，是消除痛苦的重要途径

是"好人"。

那些善心泛滥却是非不分、知识水平低下、无法站在别人的立场上思考问题的人，有时候比坏人更可怕。

善良不是自我陶醉。真正的善良，是能够设身处地地从对方的角度想问题，而不是以自我为中心的同情、施舍和怜悯。当善良失去原则、失去理性的时候，可能比恶还恶。善良没有错，但你的善良，必须有点智慧。

自律的人生更自由

## 宁可一个人寂寞，也别两个人凑合

**01**

曾在网上看到这样一件事。

女生说自己中午和朋友去了一家口碑很好的西餐厅，那家的意大利面和鳕鱼排特别好吃。没想到，这样一件很平常的小事，竟被男友讽刺"虚荣""令人无语"，男友甚至说："吃那玩意儿还不如吃楼下的麻辣烫呢。"

三观不合真的很可怕。你喜欢吃麻辣烫，我喜欢吃西餐，这不是三观不合，毕竟萝卜青菜各有所爱，就像歌德所说："一棵树上很难找到两片形状完全一样的叶子，一千个人之中也很难找到两个在思想情感上完全协调的人。"然而，你喜欢

## NO.3 自律，是消除痛苦的重要途径

吃麻辣烫，我喜欢吃西餐，你却硬要说我吃西餐是虚荣、乱花钱；你吃面条习惯加上许多香菜，我闻到香菜的味道就恶心，你却嘲讽我矫情、挑食；你热衷于社交、酒局，我更偏爱安静看书，你却嫌弃我孤僻、不合群；你思想传统，我观念开放，你却硬要向我灌输"女人就应该在家带孩子、伺候男人"这种想法。这才是真正的三观不合。

跟三观不合的人相处，比一个人寂寞地单身更消耗人。你的欢喜他不屑一顾，你的难过他嗤之以鼻，这样的相处模式只会是话不投机半句多。

## 02

民国时期，上海名媛郭婉莹被父亲要求和一个富家子弟结婚。有一次，未婚夫送上了一双美国产的玻璃丝袜作为礼物："这种袜子特别结实，穿一年都不会坏。"作为一名新式女性，郭婉莹实在难以想象，自己余生该如何与这样一个不懂浪漫的人生活在一起。于是，她单方面解除了婚约，她说："一生太长，要和有趣的人在一起，而'有趣'的基本前提，就是谈得来。"

自律的人生更自由

和三观不合的人在一起，即使是住在同一个屋檐下，心也只会相隔万里。

网友J小姐讲过这样一件事。

她的妈妈是那种下楼倒垃圾也要穿戴整齐的非常讲究的女人，她的爸爸却经常往她妈妈养的兰花盆里弹烟灰、扔烟头，妈妈多次劝阻都没有效果。在J小姐12岁时，她妈妈毅然提出离婚，理由是："他人很好，只是过不到一块儿去。"其他人无法理解，不爱洗澡、衣袜乱扔、吃饭狼吞虎咽、没空陪她、记不住她的生日……这些哪能算是毛病？男人不都这样吗？

妈妈带着她离开家时，流着眼泪说："希望你能理解妈妈，一辈子太长了。"

J小姐16岁时，她的继父出现了。继父会为妈妈的花花草草换上漂亮的花盆，为妈妈新买的淡绿格子桌布配上新的盘子、碗筷；他会拉着妈妈的手去江边散步，看夕阳和日出，告诉她每一种植物的名字和故事；他会漱好口、穿戴整齐地端坐在餐桌前，认真地品尝妈妈做的每一道菜肴；他会在不同的节日里安排不同的庆祝方式，理由是生活必须要有仪式

## NO.3 自律，是消除痛苦的重要途径

感，这样岁月才能有层次感……

J小姐终于理解了妈妈的那一句"一辈子太长了"。

就像刘震云在《一句顶一万句》中写的："一个人的孤独不是孤独，一个人找另一个人，一句话找另一句话，才是真正的孤独。"一辈子太长，和一个三观不合的人一起生活，比寂寞本身还要可怕。

### 03

网上曾流传过一份中国"95后"数据报告。在"最看重伴侣什么条件"这一项调查中，排在第一位的就是"三观一致"。其实所谓的三观一致，并不是要求对方的想法与自己的完全一样，而是彼此之间能够互相尊重、求同存异。

我的好朋友L和她老公Z的性格大相径庭。L喜爱热闹，Z却更爱安静。L喜欢呼朋唤友唱歌、喝酒，但Z几乎从来都不参加。L钟爱社交，Z却喜欢一个人思考。Z可以一天一夜默不作声，一个人放烟花，一个人去公园赏月，一个人在家里读布洛克和村上春树的作品。L情商极高，Z却不屑于讲究人情世故。两人去参加朋友的婚宴，有人走过来要和Z碰杯，Z

却来了一句:"我为什么要和你喝?"L马上出来化解尴尬:"抱歉,我家先生不太喜欢喝酒。来,我敬你一杯。"

一段婚姻里,夫妻二人居然可以如此不同。L从来没有想过要强行改变Z,从不勉强他做任何不想做的事。她说:"我就是欣赏他那份享受孤独的随性自由。"

所谓爱到深处,就是"因为懂得,所以慈悲"。三观一致的爱情,从来都不是强行改造,而是尊重不同、耐心包容。

## 04

心理学上有一种界定,说现代人的交往中,有一种行为叫作"非爱行为",就是以爱的名义,对最亲近的人进行非爱性掠夺。你有爱吃麻辣烫的自由,我也有爱吃西餐的自由。若简单地以自己的喜好去界定别人的习惯,未免有些太不讲理了。

全世界有70多亿人,愿你能找到那个与你三观契合的人。你不必在他面前失去自我,也不用勉强自己余生去将就。

周国平说:"我们在黑暗中并肩而行,走在各自的朝圣路上。"人生漫漫,愿你能与懂得包容与尊重、互相欣赏的人同行。

## NO.3 自律，是消除痛苦的重要途径

# 珍惜当下，别让遗憾吞噬你的人生

### 01

偶然看到过一张照片，颇为动容。

15岁的女儿正在医院的手术室里接受小儿麻痹症矫正手术，母亲在外焦急地等候。她没有坐在医院的椅子上，而是朝着手术室的方向，跪地不起。这一跪，就是5个小时，只为祈祷女儿手术成功。摄影师偷偷拍下了这一幕，并问她为什么要这样跪着祈祷。母亲哽咽道："女儿做手术我害怕，但我没有文化，我帮不上忙，就只能用这样的方法，乞求女儿手术成功。"

手术的成功与否，与跪地祈祷无关，但这一跪，是一个

无力的母亲所能给出的最深沉的爱。

《麦兜·我和我妈妈》里有句台词:"全世界的人不爱你,我都只爱你;全世界的人不信你,我都只信你;我爱你爱到心肝里,我信你信到脚趾头里。"

电话簿里存着数不清的联系人,只有父母不会拒接你的电话;你刚在社交平台发了一段矫情的文字,转身手机就响了,是父母焦急却又小心翼翼的询问;你换了个微信头像,你发布了去旅行的自拍照,你在深夜2点分享了一首英文歌……你的一举一动都牵动着他们的喜怒哀乐。在屏幕背后,你的父母一直在笨笨地爱着你。而在你这边,父母的电话的紧急程度可能比不上一条快递短信、一个外卖电话的。

## 02

作家夏伦讲过好友小羊的一件事。

有一次,小羊的爸爸一脸茫然地举着手机问小羊:"儿子,我的手机是不是坏了?为啥我看不到你的微信朋友圈了?"看着他疑惑的神情,小羊有点内疚。刚学会使用微信的老爸,根本不知道微信朋友圈还有屏蔽功能。他更想不到,

## NO.3 自律，是消除痛苦的重要途径

自己居然会被宝贝儿子屏蔽。

其实，小羊屏蔽自己的爸爸，也不是不能理解。爸妈自从学会用微信之后，天天在微信朋友圈里发一些"馊了的鸡汤文"，还有标题哗众取宠的养生文章，看得小羊不胜其扰。这倒还好，自从身边的同龄人纷纷结了婚，只剩自己单着，爸妈就开始轮番转发别有用心的"催婚帖"，还在小羊的每条微信朋友圈状态下旁敲侧击，无奈的小羊只得把他们都屏蔽了。之后，妈妈发来自拍照，可怜兮兮地说："儿子，交换照片，让我看看你呗？"小羊心一软，就解除了对妈妈的屏蔽，可却忘了爸爸……

腾讯公司曾发布过一份《朋友圈年度亲情白皮书》。对上千名18—29岁的年轻子女的调查结果显示：有52%的人或是没有加过父母为微信好友，或是曾有过将父母屏蔽、不让父母看到自己微信朋友圈内容的举动。究其原因，不外乎以下几点：怕他们瞎操心；怕他们把自己的照片发到家族群，让自己尴尬不已……

然而，看过这样一句话："我们往往只记得父母老去以后与互联网时代脱节的笨拙，却忘了是谁从一花一叶开始，耐

心教导路都走不稳的我们认识这个世界。"

我们走得太快了,是不是应该偶尔停下脚步,耐心地等等我们的父母呢?

## 03

朋友梅子被她妈妈弄哭了。

梅子喜欢在微信朋友圈里发自拍照,但又怕发得太频繁惹人厌恶,就把朋友圈设置成了"三天可见"。有一天,她妈妈在微信上发来一句小心翼翼的抱怨:"宝贝儿,我怎么都看不到你朋友圈的照片了。"梅子说:"我不想让别人看到自己以前的自拍,就设置成'三天可见'了。"她妈妈隔了半晌,发来了一段语音:"以前想你的时候,可以看你的朋友圈。现在想你的时候,我只能一个人去逛街了。去你最喜欢的那家蛋糕店,回想你小时候吃得满嘴奶油的样子;去逛服装店,想象这些好看的衣服穿在你身上是什么样的。"梅子还没听完妈妈的语音,就已泣不成声。

你有没有认真想过,自己到底还能陪父母多久?

网上流传过这样一个计算方式:假如一年中,只有过年7

## NO.3 自律，是消除痛苦的重要途径

天才能回家陪父母，一天在一起顶多相处11个小时，若父母现在60岁，假设他们能活到80岁，我们实际和父母在一起的时间，只有1540个小时，也就是大概64天。

人生很长，但能陪伴父母的时间真的不多。64天，实在太过短暂和残忍。

### 04

之前，某著名歌唱家毫无征兆地宣布，自己将正式退出演艺圈。他手写了一封长信，诉说自己这些年的心路历程。原来，多年来，为了达到更高的境界，他一直快步向前，却也忽略了沿途的风景。当父母都去世后，他顿感失去了人生的归属。没有了他们的关注与分享，绚丽的舞台让他感到更孤独，掌声也填补不了失落，去任何演出的地点都让他触景伤情。

父母在，人生尚有来处；父母去，人生只剩归途。我们总以为来日方长，却不知道一直在笨笨地爱着我们的父母，有一天也会悄悄老去。他们的幸福来得有多简单呢？也许只是一条微信消息、一通电话、一张车票……他们要的从来不

多，只不过是千百种陪伴方式中最简单的那几种。

　　珍惜当下，多给父母一些陪伴。愿所有孝心都有归属，别把等待熬成终生的遗憾。

## NO.3 自律，是消除痛苦的重要途径

## 节制过高的物欲，才能摆脱经济上的焦虑

### 01

城市里，最不缺的就是"隐形穷人"。他们一边用着价值3000元的名牌吹风机，一边在半夜里抢1元的微信红包；牛油果和车厘子是每天的必备水果，叫外卖的时候却无论如何都要比较哪家的优惠券和配送费更合适；400元一节的健身私教课一口气买了10节，上个月的欠款却还没还完；个人网络社交平台上，最常晒的是在东南亚各国旅行的照片，实际上已经连下个月的房租都交不起了；各种昂贵的眼霜、护肤水和口红买起来毫不手软，银行卡里的存款却近乎为零。他们表面上看起来很有钱，实际上却非常穷；外表光鲜亮丽，背后

的困窘却无人可知。

曾经有一项关于"中国奢侈品行为心理趋向"的调查报告显示：中国城市奢侈品主流消费人群年龄在22—45岁，比欧美奢侈品消费人群平均年龄年轻了15岁。全球奢侈品的消费水平是个人财富的4%，但我国的一些年轻消费者却用个人财富的40%甚至更高的比例去购买奢侈品。

"隐形穷人"总是热衷于让自己看上去富有一点，总是热衷于活在精致的假象中。他们的人生信条是："千金难买我高兴，今朝有钱今朝花。"他们高喊着"人生苦短，及时行乐"，在物质消费的世界里彻底放飞自我。

## 02

最近和一个在一线城市工作的朋友聊天，发现她光鲜亮丽的自拍照背后，是无人知晓的焦虑与心酸：连续吃了一个月的清水煮面条，终于攒下工资，买到了心仪已久的名牌手提包，幻想着拎到公司里就可以扬眉吐气了，却没想到在茶水间听到同事议论她的手提包肯定是假货；情人节给自己买了套昂贵的化妆品，拍好精致的照片发到社交平台，收获一

## NO.3 自律，是消除痛苦的重要途径

片羡慕之声，却面临着下个月还不上欠款的窘境。别人眼里的她，是脚蹬12厘米高跟鞋、出入高档写字楼、走路自带气场的高薪白领，实际上的她，每个月工资发下来，付完房租、还完信用卡就穷得叮当响。

工作的压力、对未来的迷茫、对身份的焦虑，让她在夜里辗转反侧、难以入眠。她自嘲："反正我奋斗再久也买不起房，不如把钱全部花掉，这样还能取悦自己。"

《狂热分子》里有这样一段话："当我们的生活朝不保夕，完全无力控制我们的生存环境时，就会执着于熟悉的生活方式。我们通过把生活模式固定化去对抗深深的不安感，借此，我们给自己制造了一种幻象：不可预测性已为我们所驯服。"

无法实现"买房自由"，至少可以做到"买口红自由"；没钱去欧洲旅游，至少可以在每天的下午茶时间犒劳自己一杯咖啡；在现实世界里开不起豪车，至少可以在游戏里给自己买一套最贵的游戏装备。现实无望，工作无趣，所以"隐形穷人"们不停地购物、娱乐，渴望借此摆脱焦虑。

## 03

有人说，隐形贫困是每个人的必经之路，但愿不愿意从中走出来，关键取决于你自己。而摆脱隐形贫困的第一步，便是学会与不必要的物欲断、舍、离。

《好好赚钱》这本书的作者认为，我们花钱买的东西，实际上分为两种：资产和负债。资产型的东西，就是买到手后，会在未来为我们带来正收益的东西；负债型的东西，则是买了之后，会从我们手中夺走资源、从我们口袋中"偷走"钱的东西。比如，营养均衡的饮食，对我们的身体而言是优质资产，所以值得为其花钱；而买回来只穿了一两次的衣服、放到过期的化妆品，则都是负债。

物质欲望是没有尽头的。过高的物欲占满心灵时，只会让你陷入无限的攀比与浮躁中：今天想要这个，明天想要那个，永远得不到满足和安全感。因此，我们需要合理分辨自己的需要，分清资产和负债。未来会成为我们的负债的东西，购买前一定要慎之又慎。如果不考虑自己的实际收入情况，宁愿月月吃馒头、咸菜，也要过上在外人看来光鲜亮丽的生活，那压力只会慢慢地摧毁你。

拉斯说过："如果你确实很有钱，在高档商品上随便挥霍一点倒也无妨。但假如你还只是个想要致富的普通人，那么，这样的消费不可能让你成为有钱人，永远也不会。"

不合理的消费习惯，只会让你在物质中迷失自我，越来越焦虑，根本无法掌控自己的人生。与其将钱花在无止境的过度消费上，不如想想，怎样才能把每一分钱都花得值。早早完成原始积累，雪球才能越滚越大。

## 04

很多人迷失在灯火辉煌的大城市里。有太多人想去认识，有太多地方想去旅行，有太多东西想要拥有。于是，我们在物欲中逐渐沉沦，人前风光无限，背后焦虑不已。很喜欢这样一段话："这一生，你要成长两次。一次是发现生活没有那么好的时候；一次是发现只要内心坚强、努力打拼，生活也不会那么糟的时候。"愿你我都能控制过高的物欲，摆脱隐形贫困，勇敢踏出改变的第一步。

# NO.4
## 足够自律,
## 才有选择的权利

|自律的人生更自由

# 强行合群,不过是在丧失自我

## 01

最近看老公越来越不顺眼。以前每天下班后,他都会去慢跑锻炼,或者看些专业书,学学感兴趣的视频剪辑。而现在的他,每天下班回家就知道拿着手机和同事玩游戏,一玩就到大半夜。听着他打游戏时大呼小叫的声音,我抱怨不已,他却振振有词:"我这不是刚转到一个新部门嘛,同事都在打游戏,我得跟他们一起打,这样才能显得合群。"

当下,集体主义文化盛行,不合群就等同于不好相处,就等同于异类。于是,多少年轻人陷入了一种叫作"假装很合群"的状态里。

## NO.4 足够自律，才有选择的权利

明明想利用周末去图书馆学习，舍友却都在看电视、打游戏、谈恋爱，为了不被孤立，你只好追随他们的生活作息；明明想在下班后做些自己喜欢的事，却为了合群而去喝酒应酬，唯恐被同事排挤；明明不爱看综艺节目，但身边的姐妹都在追某选秀节目，为了找话题，你不得不跟随她们夸起了某明星，骂起了自己根本不熟悉的另一个明星；明明一个人活得比谁都要精彩，却害怕被世人称作"剩女"，于是只好妥协，一次又一次地去相亲。

心理学上有个词叫"羊群效应"，说的是在一个集体中待久了，从众惯了，人们就会逐渐丧失自己的判断，沦为集体意志的奴隶。但正如毛姆所说："就算有五万人主张某件蠢事是对的，这件蠢事也不会因此就变成对的。"你以为你在合群，其实只是在被平庸同化。

有人说："在一个糟糕的环境里，'合群'有一个同义词——浪费时间。"时间是最公平的，每个人每天都只有雷打不动的24个小时。你花在"合群""为别人而活"上的时间多了，花在"自我提升"上的时间就会减少。当你合群时，你是真的喜欢这样，还是在伪装？逼着自己合群，不辛苦吗？

□自律的人生更自由

## 02

自媒体作者老K讲过一个故事。

多年前的一个假期,他回老家见到了很久没见的小学同学小泽。酒过三巡,小泽开始向老K抱怨起自己的处境。原来,自从他开始开货车四处跑运输,就落得一身职业病。每次经过山区的时候,路况不好,弯道很多,路边全是悬崖峭壁、万丈深渊。夏天还好,冬天路滑,小泽好几次都吓得几乎尿裤子,可是还得硬着头皮干下去。老K问小泽为什么不换个工作,何必这样折磨自己。小泽一脸认真地告诉他:"这些年我们村的年轻人一直做司机开货车,不上学的年轻人都在做这一行当。我也不知道自己为什么稀里糊涂地就去当司机了,可能觉得别人都在做这个行当,我不做就不合群了。我得合群,这样他们才会带着我多拉货、多挣钱。虽然有时候他们让我跑的线路不好,跑夜车也比较多,但是为了融入他们的圈子,我得去跟他们一块儿打拼。"

为了合群,有太多年轻人甚至搭上了自己的人生。他们在从众心理的推动下,忘记了自己的追求和目标,失去了自己的判断，最后只能让生活越来越糟。

勒庞的心理学著作《乌合之众》里有这样一段话："人一到群体中，智商就会严重降低，为了获得认同，个体愿意抛弃是非，用智商去换取那份让人倍感安全的归属感。"有多少人为了合群而放弃思考，在群体中不辜负任何人，却唯独辜负了最重要的自己。

## 03

有知乎网友曾分享过这样一个故事。

他有一个研究生室友，每天早上6点起床，雷打不动地听英文广播，然后跟着念，坚持了三年。毕业后其他人都去考公务员或者找一份安安稳稳的工作，只有那个室友走了一条不寻常的道路——去阿联酋航空做空乘。于是，在所有人都按部就班、活得越来越平庸的时候，他已经走过了千山万水。可能是累了，五年后，这个人回国找了个专业对口的工作，用做空乘的几年攒下的钱在单位附近买了套小公寓。他每个假期都飞往国外——许多国家他做空乘时已经去过，现在再去深度游。

对比之下，我们的合群显得多么平庸无趣：我们按部就班地生活，在大学里肆意挥霍着青春，毕业后找一份稳定的工作，再努力攒钱，幻想有一天能周游世界。而不合群的他，趁年轻时周游了世界，看够了风景之后，才回来安家立业。

人和人之间的区别，也许从十年前某个早上6点就已经开始了。有人不顾他人的冷言冷语，天天早起学习，为自己的目标坚持不懈地努力。而另一部分人却为了合群，为了不显得格格不入，拼命地融入集体、伪装自己。

庄子说："独与天地精神往来，而不敖倪于万物，不谴是非，以与世俗处。"那些真正优秀的人，往往更有逆流而上的勇气。他们只追逐自己内心真实的感受，不活在别人的眼光里，只为做出令自己无悔的选择。

## 04

比起强行合群，那些不太合群的人，有时反而显得更可爱。我的大学同学小李不喜欢交际应酬，总是和外界保持着一定的疏离感。公司完成一个项目，大家一起出去喝酒、唱歌，他却几乎从不参加："你们玩，我回家。"内向又不爱交际的他，在自己的世界里活得自在，比任何人都会享受孤独。

## NO.4 足够自律，才有选择的权利

有一次他甚至上了4天3夜的禅修班，在简陋的房屋中感受自己。就像意大利导演费里尼所说："要拥有很多内在资源，才能享受独处。"太多人在迎合别人的道路上迷失了自己，而小李却在独处中找到了内心的边界与平和。

再如我认识的一位文学"大咖"，他不爱聚会，不接应酬，不说客套话，不怕得罪人。"不合群"的他，喜欢在独处中沉淀自己。他会弹钢琴，会演奏萨克斯、手风琴，在写作间隙，他习惯用音乐来获取内心的平静；他爱读书，从鲁迅、胡适，读到李敖、北岛；他喜欢画画、书法和下棋，在家用毛笔抄《道德经》，还经常为女儿做糖人、面人。

马克·鲍尔莱因说："一个人成熟的标志之一，就是明白每天发生在自己身上的99%的事情，对别人而言毫无意义。"你不需要刻意去合群、去放弃自己融入集体。该来的自然会来，该走的注定要走。适当地将精力多花在自己身上，学会与孤独握手言和，你会活得更舒适。

**05**

合群还是独立？说到底，这只是一种选择。没有所谓的

自律的人生更自由

对错，关键是听从自己内心的想法。如果你为了不使自己显得格格不入，而逼迫自己去迎合别人，不敢去做自己真正喜欢的事情，这才是最可怕的问题。

余华的《在细雨中呼喊》中有这样一段话："我不再装模作样地拥有很多朋友，而是回到了孤单之中，以真正的我开始了独自的生活。有时我也会因为寂寞而难以忍受空虚的折磨，但我宁愿以这样的方式来维护自己的自尊，也不愿以耻辱为代价去换取那种表面的朋友。"

请找回真实的自己，不要再让强行合群消耗你的人生。

## NO.4 足够自律，才有选择的权利

## 善于依靠自己的人，从来不怕被辜负

**01**

曾有人提出过这样一种观点：这个世界上有两种女人。一种没什么欲望，选择循规蹈矩地生活，按世俗的标准结婚生育，对婚姻质量的要求也不高，唯一的心愿就是家庭安稳；另一种意气风发，野心勃勃，想怎样就怎样，不按年龄活，就要和世俗拧着过，一生追逐星辰大海，从不为谁停下脚步，弱水三千，一瓢都不饮。

做哪一种女人是各自的选择，我们无权做出评判。但这个时代，拥有自我意识的女人很多，未来，这种女人会越来越多。她们从不指望依靠男人改变命运，只想靠自己打"江山"。

## 02

无数姑娘将董明珠视为偶像。60多岁的董明珠，在自己的商业帝国里，活得风生水起。

董明珠出身平平，原本在一家国企工作，直到30岁那年，丈夫因病去世，她的生活一下子失去了支撑。为了维持生计，她不得已辞掉了稳定的工作，离开儿子，孤身到珠海谋生。

因为没有什么技能，入职格力公司时，她只能从基层员工做起。没有人教，她就每天下班后回去疯狂读书：《卡耐基传》《营销之道》……

董明珠后来这样描述那时的心情："要养活孩子和自己，销售提成对我十分重要，所以，我必须勤力再勤力。"她一路"硬闯"，闯出了几分舍我其谁的豪气。

有一次，上司故意刁难她，交给了她一个几乎不可能完成的任务：帮公司追讨一笔要了一年都没要回来的42万元债款。在这个过程中，没有同事援助，也没有领导指导，每次上门讨债，等待她的只有奚落和侮辱。可她从未想过放弃！没有人脉、没有支援的她，硬是凭借坚毅的态度和决不放弃

# NO.4 足够自律,才有选择的权利

的耐力,创造出40天追讨回42万元债款的奇迹,令当时的格力董事长刮目相看。就这样,董明珠一路披荆斩棘,成了后来的"铁娘子"。

闯进男性战场的董明珠,不会撒娇,不会沉默,也不屑于借助自己的女性优势四两拨千斤。她坚信,房子带来的安全感不比男人带来的弱,收入带来的自由度不比婚姻带来的差。只有靠着自己,才能被命运厚待。

## 03

有调查报告显示:2018年,中国女性购房者的比例达到了近7年来的最高。

越来越多的姑娘,不再依靠另一半,不再因没有房子而失去独立性和话语权。与其婚后强迫对方在房产证上加上自己的名字,不如自己在婚前先买好房。有一套房子,找对象的时候就不至于要求对方必须有房子。退一步讲,如果结婚后不幸跟老公闹掰了,至少还有一个容身之处。

美国著名女诗人桑德拉·希斯内罗丝说:"有一座房子是我一生的梦想。拥有了它,就拥有了我自己的空间,它是我的退

> 自律的人生更自由

缩和安身之地。"女人买的房,不仅是房,更是自由和安全感。

这让我想起一个离婚的女明星。在节目中,有主持人问她:"你给父母买房会跟老公商量吗?"女明星答:"不会的,因为我买得起。"这个女明星离婚后,许多网友在她微博下留言,给她打气:"别伤心,离开'富二代'又如何?你自己就是豪门。"

是啊,既然依靠他人难免会失望,那真不如自己创造安全感。

## 04

亦舒说过:"生活上依赖别人,又希望得到别人的尊重,那是没有可能的事。"太多女生认为,只要嫁入豪门就可以一劳永逸,从此开启潇洒人生。但有句话是这样说的:"太过相信依赖别人,等于叫别人把自己的一小部分杀死。被杀死后的自己,再想脱离关系,回到以前,一定会很难。这样的牺牲与依附,不理智也不值得。"

只有彼此独立,才能势均力敌。这是爱情该有的模样,也是爱情最好的模样。

## NO.4 足够自律，才有选择的权利

## 05

　　知乎上有这样一个问题："女孩子只要嫁得好就很好了，还要那么努力干吗？"底下有个回答非常精彩："男人的极大幸运在于，他不论是已成年还是在小时候，都必须踏上一条极为艰苦的道路，不过这是一条最可靠的道路。女人的不幸则在于，几乎时刻都在被近乎不可抗拒的诱惑包围着：她不被要求奋发向上，只被鼓励滑下去到达极乐，当她发觉自己被海市蜃楼愚弄时，已经为时太晚，她的力量在失败的冒险中已被耗尽。"

　　等待别人给予幸福的人，他的生活往往并不理想。努力让自己变优秀，你的眼界才会更宽广。凡事靠自己，你终究会穿过最黑暗的丛林，披荆斩棘，蜕变成最美的自己。

自律的人生更自由

# 经济独立，将帮你解决人生的大部分问题

**01**

听身边的名媛朋友们讲过她们生孩子时住的产房：有的住在3万元一天的特护产房，里面不但设备齐全、硬件一流，还有知名医生为其助产；有的住的是每晚费用高达8万多元的贵宾产房，加上其他护理费、营养费，7天总共花了100万元人民币；还有的住在月子中心，每晚1.2万元，1天供应3次主食、3次点心，犹如住在五星级度假村。

为什么有些女性产后恢复得特别快？因为有专业的护士、月嫂每天轮班照顾产妇和宝宝；有专业的营养师给她们精心设计食谱，以保证营养；有专业的私人健身教练指导她们每

## NO.4 足够自律，才有选择的权利

天做一些运动，以促进产后修复和伤口愈合……

## 02

知乎上讨论过这样一个问题："没钱是一种什么样的体验？"有答主讲了自己上学时的亲身经历：最穷的时候，在学校用五百元生活费撑了近两个月。在食堂买不起肉菜，只能喝免费的紫菜汤，吃白米饭。一天，她在食堂吃饭，碰到对面桌的小情侣闹别扭，原来是男孩买了真空包装的酱排骨，女孩不吃，并且埋怨男孩不该在自己减肥期间买，两人说着说着就吵起来了，男孩生气地将排骨扔进了垃圾桶里。排骨的袋子开了，扣在了垃圾桶的剩菜上，脏了。她当时看着那对情侣，眼泪就流下来了，因为她太想吃那包酱排骨了。当时她真想从垃圾桶里把那包排骨捡起来，但是怕被同学看见，尤其怕被自己喜欢的男孩看见。

缺钱，有时候真的会让人毫无尊严，没有一点选择的权利。

23岁，你大学刚毕业，和陌生人合租在条件极差的老社区，租金押二付一，你咬咬牙，连续吃了一个月的清汤挂面；

自律的人生更自由

25岁，工作两年，你面对着脾气暴躁的上司，天天加班到深夜，无数次在午夜辗转反侧，看着银行卡里的三位数存款，终究不敢说出"辞职"；27岁，你总是在抱怨另一半没钱，下班后为了各种生活琐事争论不休；30岁，已经到了撑起一个家的年纪，看着逐渐老去的父母，你心惊不已，害怕有一天看见他们躺在病床上挣扎，而你面对着高昂的医药费却无能为力；35岁，孩子聪明伶俐，有天兴冲冲地跑来对你说想学钢琴，你沉默了一会儿，内疚地开口："宝贝，对不起，咱们家没有多余的钱了……"

人生有太多残酷的考验，没钱，你就失去了应对风险的能力和自由选择的底气。以前总觉得钱赚多赚少无所谓，够花就好，直到面对生活突如其来的重击，你才会发现：贫穷会夺走你的尊严，夺走你想守护的人，夺走你身边美好的一切。

## 03

多年前曾认识一个女孩，她在银行做柜员。白天对着各种无理取闹的客户笑僵了脸，晚上回到昏暗狭小的出租房里，看到男友斜躺在床上，大呼小叫地和队友一起打游戏，她糟糕的

## NO.4 足够自律，才有选择的权利

情绪瞬间到达顶峰。想着刚才自己为了省点打车钱，硬是淋着雨从公交车站走回家里，她心酸地跟男友提了分手——真的不想再过这种看不到未来的生活了。这个女孩后来跟我说，其实男友也没做错什么，白天他也很认真地工作了，辛苦了一整天，晚上回家只想打会儿游戏放松一下。"可是穷也就算了，还不比别人更努力，难道一辈子只能过着这种生活吗？"

许多女孩都习惯从另一半身上寻求安全感，希望他有钱、上进，能让自己依靠。然而，把改变现状的希望寄托在别人身上，终究是不靠谱的，只有用自己的双手挣来的面包才不会被人抢走。

有本小说中讲述了这样一个故事。

女主角耐想爱上了英俊帅气的文烈，希望与他共度一生。然而，在交往过程中，耐想却发现文烈家境不好，没有任何积蓄。更离谱的是，文烈还有一个奢侈的爱好——集邮，他甚至可以用6个月的工资去买一枚邮票。耐想渐渐感到失望，结局自然是两人劳燕分飞。表姐问："你和'错先生'就此结束了？"耐想说："说不定他是别人的'对先生'。"表姐回复："有什么稀奇，他又不是坏人，大把经济充裕的女人愿意

给他提供住宅一层、工人两个,让他下班后专心集邮。你不够资格,就不必怨人。"

好一句"不够资格"。有本事的女人,爱嫁谁便嫁谁,爱做什么就做什么。自己足够强大,就无须考虑对方有没有钱,只需确认自己是否足够爱他。

香奈儿创始人说过这样一句话:"生活不曾取悦我,所以我创造了自己的生活。"与其忧虑别人的背弃和不善,不如用心经营自己的尊严和美好。

## 04

一直很羡慕女强人小罗的生活。她想工作的时候就工作,想旅游的时候就带着孩子满世界旅游。不工作的时候,她种菜、种花,收养猫、狗,带着孩子亲近自然;看话剧、读书、学画画、做手工,陪着孩子一起成长;养生、健身、练瑜伽,给家人做丰盛的饭菜……而这一切,都是建立在经济独立的基础上。当一个人真正实现了经济独立,才能拥有无数选择的权利,而不是被迫谋生。

人生中的很多问题,真的能够用钱解决。

# NO.4 足够自律，才有选择的权利

## 05

一位老先生去某房产交易中心卖房，因忘记了要卖的是哪一套房子，所以掏出一堆产权证翻找起来。这种茫然中夹杂着淡定的从容、平静且踏实的幸福感，真是让人艳羡。

愿你我，在该努力的时候，都别选择安逸。只有拥有赚钱的能力，才是赢得选择权的前提。早日实现财务自由，才有底气给自己最好的，才能抵御生活突如其来的暴击。趁年轻，多赚点钱吧！

> 自律的人生更自由

## 持续完善自己，你会看到生命的无限可能

### 01

知乎上讨论过一个问题："你见过的有独立思想的女生是什么样的？"点赞很多的一条回答是："跟她去图书馆、逛街、吃饭、出游、畅聊、出席活动的欲望，要比跟她亲热的欲望强烈得多。你欣赏她的世界，也会更清晰地发现自己世界里的美好。"

英国王室的哈里王子大婚时，参加婚礼的宾客阵容豪华无比，然而，人群中的一抹亮黄却吸引了所有人的目光。阿玛尔·克鲁尼身穿一袭亮黄色的礼服，头戴优雅的礼帽，风情万种又明艳动人。她的存在太过显眼，使得她身边的丈

## NO.4 足够自律，才有选择的权利

夫——好莱坞著名影星乔治·克鲁尼都沦为配角。

乔治·克鲁尼是谁？他曾是众多女星的梦中情人，是数次宣称"养老婆不如养头猪"的好莱坞不婚主义者，直到遇上律师阿玛尔——这位聪明大气、有着自己独立思想的优秀女性。

乔治·克鲁尼曾在采访中谈到，自己永远也忘不了与阿玛尔初次见面时的交谈："我们只是一直聊天，聊了一整晚。天啊，那感觉实在是太妙了。"他们第一次约会聊的话题，竟是叙利亚卫星问题。他们对国际、社会上的很多热点事件都看法一致，总是能相聊甚欢。阿玛尔的学识、对问题的独特见解、在工作中雷厉风行的样子，让乔治·克鲁尼彻底变成了她的崇拜者。

有人说："大脑是人类最性感的器官。"身边那些有着独立思想的女性，大都有这样的共同点：她们不会将自己的人生、对幸福的期望寄托在其他人身上；她们可以坦然面对世俗的眼光，追求自己喜欢的生活、事业和爱情；她们对未来有着清晰的目标、长远的规划，过人的阅历和眼界就是她们的底气。她们的世界里有星辰大海，有让人深入了解的欲望。

作家张燕霞曾在《女人有底气才从容》一书中说过："自

> 自律的人生更自由

由、从容、淡定、优雅都源自独立,独立让你不依附别人,不恐惧未来。独立就是你永远受用不完的底气。"

热衷于培养自己的独立思想,一个人才能越变越好。只有思想足够独立,才能牢牢掌控自己的人生。

## 02

喜欢为人着想、懂得给人留情面的女生,总会让人充满好感。

当我还在上大学的时候,一个学姐给我留下过很深的印象。有一次社团聚会,原本计划的娱乐项目只是看电影,后来大家觉得不尽兴,便提议去一家海鲜自助餐厅聚餐。这时,平时少言寡语的范范突然站出来说自己还有事,要先走了。场面一时变得有点尴尬,大家都劝她留下来一起吃完饭再回去,范范只是低着头。而站在她旁边的学姐,悄悄挽过范范的胳膊,笑盈盈地说:"是这样的,她之前答应我晚上要陪我去买一样东西,有点急。我俩就不跟大家一起吃饭啦,你们好好玩!"说着两人便走远了,其他人也没有深究,一起走进那家自助餐厅吃了饭。

## NO.4 足够自律,才有选择的权利

直到后来,和范范接触多了,我才知道,范范的家境不好,花199元吃一次自助餐,对她来说是一笔不小的开销。学姐明显察觉到了范范的苦衷,不动声色地为她解了围,既维护了她的尊严,又没扫了大家的兴致。

美国著名作家杰克·凯鲁亚克说:"教养是一种不用说出来的美好。"和有教养的女生相处,总让人感到非常舒服。她们的心里装着别人,发自内心地对别人好,她们从不在背后议论是非,也尽量做到不给别人添麻烦。

有个姑娘和同事聚会,喝多了,坐车回家的时候特别想吐,但又不能吐在车上给大家添麻烦。她实在忍不住了,就吐在了自己的大衣袖子里。寒冷的冬天,她硬是提着袖子,到站下车才倒掉。

拥有同理心的人,总是喜欢换位思考,不论是说话还是做事,都能让人觉得舒服。

能否练就为别人着想的教养,是一个人完善自我的关键一步。同时,只有懂得为人着想的人,才能在这个纷繁复杂的世界里,收获一份真诚。

自律的人生更自由

## 03

一些人总是喜欢给自己设定目标，可坚持得最多的事情就是坚持不下去：下决心要在两个月内瘦20斤，结果减肥计划还没实施一星期就彻底放弃了；加入了"每周看一本书"的学习小组，结果书翻了不到10页，就再也没动过；计划每天早睡早起，结果仍然不停地熬夜玩手机。

人是有惰性的，想要有所改变真的不容易。但总有一些自制力强的人，活出了让所有人都羡慕的样子。

亲爱的你，想要做什么就立即去做。去看书，去运动，去思考，去探索更广阔的人生。永无止境的拖延，只会造就原地踏步的自己。

一个人越变越好的征兆之一，就是能热烈地拥抱生活，迎接每一个挑战，永远不放弃完善自己，不断创造更好的自己。

## 04

亦舒曾写过一句给所有女生的话，她说："自爱，沉稳，而后爱人。"自爱者方能为人所爱。在人生的道路上，为追求

## NO.4 足够自律，才有选择的权利

真正属于自己的生活而竭尽全力，这才是真正的魅力人生。

让自己越变越好，是一生的修行。学习得越多，懂得越多，你的视野、阅历和思想才会越广阔。保持对世界的好奇心，你才会看到世间无穷的可能性。打破所有标签，不断挑战自我，你还有更多的潜能可以被挖掘。

| 自律的人生更自由

## 优化收入结构，生活越过越轻松

### 01

某地一家东西好吃又便宜的鸭仔饭小店里，鸭肉、无限续鸭油饭、青菜、鸭汤，加在一起才卖12元。记者问道："你为什么能卖那么便宜啊？挣的钱一定很少吧。"老板摆摆手："虽然挣得少，但是我生活得很开心，因为我有十栋房子收租。"就在记者惊叹老板有十套房子可以收租的时候，老板在旁边忍不住提醒："是十栋房哦，不是十套房，一栋有7层。"之后，他一脸诚恳地说，自己买了辆宝马车来送货，就喜欢这种简单而又快乐的生活……贫穷真是限制了我的想象力。

我们身边有很多低调的有钱人，他们也许就潜藏在保洁大妈、小区保安、维修工、出租车司机当中……路边卖菜的

# NO.4 足够自律，才有选择的权利

老婆婆、公司打扫卫生的保洁阿姨、整天在公园遛狗的老伯，这些都可能是家资千万的隐形富豪。他们不用为生计所迫，工作只是爱好和消遣。他们利用钱生钱，然后尽情享受闲暇人生，而不是让自己沦为金钱的奴隶。

人生下半场拼的其实就是"睡后收入"。"睡后收入"，是一个人的被动收入，是一项即使不工作也能持续增加的收入。它可能来自收租、投资理财的利息和版权费等，哪怕睡觉的时候，都有源源不断的进账。巴菲特说："如果你没找到一个当你睡觉时还能挣钱的方法，你将一直工作到死。"有"睡后收入"的人生和没有"睡后收入"的人生，是完全不同的。

## 02

听朋友讲过他同事的一个故事。

一个1993年出生的男生，脾气很好，平时穿的就是普普通通的白衬衣和运动鞋；吃饭不挑食，中午都是跟部门的人一起去吃楼下的快餐盒饭；喝酸奶会舔盖，吃薯片的时候会嘬手指头；上下班骑的是一辆旧旧的电动车，下雨天就改坐公交。

有一次部门聚餐，两个同事喝多了，趴在路边醉得无法动弹。那个男生说:"我送你们回去吧,我今天开车来的。"走过去才发现,人家开的是一辆价值不菲的车。再一打听才知道,他们家在市中心有两栋楼、三个店铺……而他自己,不靠家里人,光靠着下班后的副业,还有一些理财收入,就可以过得足够滋润了。他平时节约朴素,最大的爱好就是攒钱,目标是40岁前退休,到巴西去养老。

朋友感慨道:"最可怕的事情,就是比你有钱的人比你还努力。"你能想象,当你每天晚上在看短视频、玩游戏、追数十集的电视连续剧时,别人已经躺着就把钱赚了吗?

## 03

看过这样一个真实的故事。

一个在国外工作的年轻人,收到了远在中国的外婆病危的消息。他是外婆带大的,外婆去世前希望能见他最后一面,可是那个国家没有到中国的直飞航班,而且也不是每天都有航班。幸运的是,他是一家私人包机公司的会员,在打过电话30分钟之后,他已经坐上了来接他去机场的专车。在车上,他完成了护照检查等一系列工作,专车直接开到机场停机坪,

## NO.4 足够自律，才有选择的权利

他登上了直飞中国的私人飞机。20小时后，他已经坐在了外婆的病床前。他的外婆第二天就去世了，不过是在看到外孙之后，带着满意的笑容离去的。

多年前，因为一些原因，我在医院里见到过许多绝望的病人和病人家属。有些人因为注射不起昂贵的自费特效药，只能选择保守治疗方法；有些人因为实在负担不起手术费用，只能眼睁睁地看着亲人离世。

摄影师张审君拍摄的一张照片《独生子》曾引发人们的深思：病房内，两张紧挨着的病床上各躺着一位老人，中间坐着的男子显得格外孤独无助。

中年的独生子女，最害怕听到的就是父母生病的消息。曾经为自己的高薪而沾沾自喜，却不知道一场疾病足以将一切都摧毁。没有"睡后收入"的人，一旦无法再依靠出卖时间去换取金钱，那么，当自己的家庭发生意外时，还能依靠什么去应对它呢？

## 04

想要拥有"睡后收入"，首先就要想办法开源节流，积累

> 自律的人生更自由

自己的第一桶金。

前几年旅行的时候认识了一个姑娘,她在二十几岁的年纪,已经靠着自己的能力在一线城市里买了一套单身公寓。在这之前,她曾在一家大型公司做文员,每天朝九晚五,虽然稳定,但工资却少得可怜。生性"不安分"的她不愿安于现状,于是利用下班时间尝试写作。她喜欢旅游,便将旅途中的所见所感写成游记,发在各社交平台上。当积攒到一定的阅读量和关注度后,渐渐有杂志社和广告商来找她约稿。不到一年,当业余收入超过了本职工作收入后,她果断辞职,专心写作。现在的她,已经开始创作第三本书了,她靠着版税和广告收入已经可以过得很好了。

很多人穷尽一生,几乎沦为工作的奴隶,却仍是"穷忙族",终生无法实现财务自由,原因在于他们的时间只卖了一次。而那些拥有"睡后收入"的人,则可以将同一份时间出售很多次,比如作家花一年时间写一本书,可以畅销十年,这就相当于他把自己一年的时间重复卖了十年,持续收益,躺着赚钱。而靠死工资过日子的人,则很难摆脱隐形贫困。只有发挥自己的优势,尽可能多地学习一些理财知识,优化

## NO.4 足够自律，才有选择的权利

收入结构，才能让收入源源不断地增加。

闺密小鱼说，她的"睡后收入"为零，"睡后债务"倒是不少。有太多年轻人，在没有节制的消费中，沦为隐形贫困人口。早上要喝几十元一杯的咖啡，中午要吃四五十元一份的轻食沙拉，周末还得去"网红"餐厅消费一下，一个月好几千元租金的带落地窗的房子租起来毫不心疼，名牌手提包要买，偶像的演唱会要去听，昂贵的护肤品要用……外表光鲜亮丽，口袋却空空如也。

购买的消费品越多，能够积累的本金就越少，能产生的"睡后收入"也就越少，这也就是你一直富不起来的原因。经济学上有一个概念，叫"低收入陷阱"，其大致含义是：人的收入没办法得到积累，就会形成恶性循环，让人越来越穷。只有戒掉不合理的消费习惯，慢慢积累自己的资产，才有机会增加"睡后收入"。

## 05

认识一个美食博主，她以前是个朝九晚五的上班族，偶尔会利用下班时间制作美食教程。后来她自己制作美食短视

频，发在微博、微信公众号上，获得了大量的关注。通过开课、出书，现在的她，每年只靠版税和课程收入就足够支撑日常生活了。

这是一个人人都可以打造个人品牌、成为"斜杠青年"的时代。有人单靠卖图文演示模板就年入百万；有人拍一张照片就能获得丰厚的版权费；有人坚持写作，出的书又被改编成电影，获得高额报酬；有人制作短视频，通过商业变现轻轻松松月入十万。找到你擅长的领域，不断提升自身的技能水平，才能让你的收入来源更加多样化。

有人说："在这个时代，任何能用钱解决的问题，都不是问题，可最大的问题是没钱。"没有"睡后收入"，人生走到半场，不敢病，也不敢死，该有多悲哀？我们别无选择，只能优化自己的收入结构，多赚钱，增加自己的"睡后收入"。为自己，也为了挚爱的人。

**NO.4** 足够自律，才有选择的权利

## 坚持独立思考，你的人生将不再盲从

### 01

凌晨3点，我还不想睡。躺在床上看短视频，玩电子游戏，轮番打开各类社交软件，一晚上的时间就这么不知不觉地过去了。如果不是手机电量不足，我还可以继续玩到"天荒地老"。看着屏幕上映射出的那张双眼无神、肤色蜡黄的脸，我开始难以抑制地厌恶自己。

对自控力差的人来说，能让人获得短期快感的软件简直就是"灾难"。长相俊美的男孩和女孩对着你跳"海草舞"；各种游戏等着你领金币、做任务；关注的明星又出了绯闻……你总是不自觉地深陷其中，动动手指就能获得极大的

自律的人生更自由

快感，全然不知时间已经在慢慢流逝。

某著名生活类软件创始人曾说："能让人获得短期快感的软件，是区分人的筛子。被它捕获的都是自我塑造意识薄弱、延迟满足能力低下、很难在现实世界获得成就奖赏的人。"

许多通过计算机算法推荐的软件，都在试图利用大数据慢慢掏空你的时间。你日夜不停地玩，上班玩，走路玩，吃饭玩，连上厕所的时间都利用起来，抓紧开一局游戏。这些低密度、高反馈的东西充斥着你的大脑，你开始排斥思考，排斥长期投入。当你逐渐适应了这种唾手可得的满足感时，你的"兴奋阈值"又会不断提升，从而更加依赖虚拟的满足感，陷入恶性循环。你越来越缺乏耐心，只接受一些碎片化的信息，不再进行自主思考，看电影只看最精彩的部分，看书也没法专心看完，你慢慢发现自己很难再长时间地集中起精神。

更可怕的是，当你看完十几个小时的短视频后，你并没有变得更快乐，你会发觉，随之而来的是无尽的空虚。所以，年轻人千万不能沉迷于能让人获得短期快感的软件。它们会在不知不觉中掏空你的思想，偷走你的时间，消磨你的意志力，摧毁你向上的勇气。

## 02

舟舟是我的朋友中对减肥最执着的人。她试过酵素、代餐奶昔、荷叶茶、减肥贴……市面上几乎所有的减肥产品她都试了个遍。钱花了不少，效果却微乎其微，体重还是在原地徘徊。

后来，她看到微博上有人贴出减肥前后对比图，受了不小的刺激，立即加了卖减肥药的人的微信。卖家承诺："坚持吃两个月，保证能减脂20斤。"前三天，舟舟吃完药后，开始频繁地出入厕所，卖家却跟她说这是正常现象，说明药物被吸收得很好。第四天过后，舟舟开始整宿整宿地失眠。她闭着眼平躺在床上，心跳却越来越快，太阳穴也突突直跳，一直持续到天明。因为缺乏睡眠，白天的她四肢无力、疲惫不堪，继而夜晚头痛心悸，难以入睡……就这样陷入了恶性循环。

她跟我说，那段时间，她走路时整个人都像飘在云端一样。虽然那一周她瘦了5斤，但精神状态却接近崩溃，她只好将减肥药全部扔了。很多减肥药，表面上看似乎确实能起到

> 自律的人生更自由

减肥的作用,但其实更多的是通过透支健康来制造假象,会对身体造成不可磨灭的伤害。

太多年轻人为了达成目标,想要走捷径。拒绝不了高热量的油炸食品,也没有毅力每天健身,于是寄希望于减肥药;不想老老实实地攒钱,又想满足自己的物欲,于是走上了不归路。他们只看到了"谁谁吃了减肥药瘦了十几斤""谁谁靠这个手段赚了十几万",却没发现捷径背后的肮脏与黑暗。

《断头王后》中有这样一句话:"她那时候还太年轻,不知道所有命运赠送的礼物,早已在暗中标好了价格。"人生没有捷径可走,那些横着省下的路,终究会变成竖着的坑,躲不过的。

年轻人千万不能碰所谓的捷径。人生路漫漫,但凡一个有独立思考能力的人都知道,有很多事情都是欲速则不达,人生最终还是要靠自己踏踏实实、一步一个脚印地走过去。

## 03

微博上认识的一个姑娘,每天都在转一些"鸡汤文",这些文章用一些简单粗暴的逻辑、煽动人心的语句,让女生纷

## NO.4 足够自律，才有选择的权利

纷对号入座：难怪他没有马上回我信息，原来是不够爱我；在一起之前对我千依百顺，现在宁愿打游戏也不肯陪我聊天，是时候分手了；男人都不靠谱，他们配不上我……长期被营销号的偏激观念洗脑，让她们产生了一种虚幻的优越感。这种"捧杀"方式真的很恐怖，先把一个人捧上云端，再让其跌入深渊。

看过这样一段话："人是一种很容易被意识控制的动物，一旦产生自以为是的优越感，内心就会没有沉淀。当我们没有了自己的态度，没有了自己的想法，才需要借哗众取宠的方式来争取他人的认同。"

太多人听到别人不负责任的言论就对号入座，从而丧失了独立思考的能力。看了公众号几篇文章，就觉得自己的月薪也能一夜间从3000元涨到30000元；看了几条热门微博，就觉得想过精致的人生，必须要舍得花钱，于是借钱也要"买买买"；"智商税"交了一次又一次，自己依然过不好这一生。

年轻人看事情，千万不要盲目地对号入座。保持独立思考的能力，不要人云亦云，才能看清身边事物的真相。

自律的人生更自由

## 04

这是一个信息泛滥的时代。正如英国诗人柯勒律治所说:"到处都是水,却没有一滴可以喝。"当我们沉迷于各种诱惑、试图走捷径、渐渐丧失独立思考的能力时,离毁灭大概就不远了。

坚持独立思考,与廉价的娱乐形式、浮躁的心境和盲目从众告别,慢慢地你就会看见不一样的天空。

## NO.4 足够自律，才有选择的权利

## 提高逆商，是对困境最后的突围

### 01

人世间，总有许多困苦和磨难。巴顿将军曾说："衡量一个人成功的标志，不是看他登到顶峰的高度，而是看他跌到低谷的反弹力。"这种反弹力就是逆商，逆商决定了你在遭遇挫折时，能否经得起打击、扛得住压力。人生下半场，只有经得起打击，才能扛得住事。

### 02

年轻的小伙小飞离家出走，后跳河自杀被救。大学毕业后，小飞工作不顺，感情生活也出现了问题，一直郁郁寡欢。

自律的人生更自由

他每天宅在家里,一日三餐都吃快餐。家里人看着他颓废的样子,忍不住训斥了几句,谁知这就让他产生了轻生的念头。

某高校的大四女生果果在宿舍自杀身亡。很多人都想不明白,平时学习成绩优异、年年都拿奖学金的她,为什么会走上这条不归路?原来,果果和同学曾在宿舍里使用违禁电器,导致失火。宿舍里所有的物品都被烧毁,连隔壁宿舍也受到了影响。因为这件事情,果果受到了学校的处分,后校领导又多次在全校大会上点名批评她们的违规行为。敏感脆弱的果果终于承受不住压力,选择了轻生。

逆商太低,就表现为扛不住事,经不住打击。这个世界上的事,哪能尽如人意呢,我们总会对许多事情无能为力。你的逆商,决定了当你遭遇挫折时,是触底反弹,还是跌入深渊。

## 03

为什么现在的孩子,逆商越来越低?

一名女孩,因为带零食到学校并分给同学吃,遭到了老师的严厉批评,委屈不已的她回家后选择了跳楼,当场身亡。

## NO.4 足够自律，才有选择的权利

一对十几岁的姐妹，因考试都没考好，瞒着家人，相约自杀并身亡。

一名男孩，因沉迷游戏，被家长说了几句，听不了重话的他，选择了跳楼轻生。

……

这些闻之惊心的悲剧，起因大部分是父母忽略了逆商教育。

你为孩子遮风挡雨，为孩子保驾护航，以为这就是最好的教育。然而，未来的生活充满未知，你永远无法预测到孩子将来可能面临的逆境。过度保护，其实是一种伤害，它只会让孩子在一次微小的挫折面前，产生强大的挫败感，进而走向极端。

心理学家认为，逆商教育，刻不容缓，需要在孩子成长的早期就开始进行。逆商高的孩子，心态总是积极乐观的，他们会从挫折中看到机遇，从困境中看到希望；逆商低的孩子，心态常消极悲观，偶尔遭受打击，就很容易一蹶不振、自我沉沦。

只有鼓励孩子勇敢面对自己的不完美、勇敢经历逆境，他们的心理素质才会不断强大。

│自律的人生更自由

## 04

　　一名外卖员，载了一摩托车的瓶装啤酒，不料，路上却不小心翻了车，啤酒瓶碎了一地。换作心理承受能力差点的人，也许当场就急得跳脚了，然而，这名外卖员却淡定地蹲了下来，捡起两瓶没碎的啤酒。他递给城管一瓶，自己也打开一瓶——天大的事，之后再去烦恼，此刻只需举杯共饮。

　　一家人正在上班，却接到了邻居的电话："你们家失火了。"待他们赶回家时，发现家中的一切几乎都已被烧为灰烬。大部分人或许短时间无法接受这个事实，可这家人却在废墟里比起了"剪刀手"，照了一张全家福。"房子虽然被烧了，但人都是平安的。只要人都在，家就还在，重新装修好又会是另一番景象。现在留张合影，以后对比着看，会很有纪念意义。"男主人乐观地说。

　　一名女孩，从小生活在贫困穷苦的家庭环境中，贫穷让她遭受了无数同学的嘲笑，让她经历了数不清的灰暗晦涩的时刻。然而，在以总分707分的成绩考上北京大学的那一刻，她却笑着说："感谢贫穷。"她乐观、开朗、阳光，仿佛没有

## NO.4 足够自律,才有选择的权利

任何挫折可以让她一蹶不振。

人生实苦,世事多艰。然而,正如《恰到好处的挫折》一书中所说的:"我们能够在多大程度上放慢脚步、喘口气并采用新视角,我们就有多大机会从挫折中找到机会。"

## 05

拥有的都是幸运,失去的都是人生。当你灰心丧气,开始不断自我怀疑的时候,不妨想想塞利格曼的一句话:"改变你能改变的,接纳你不能改变的,才是最好的人生。"

去接受世事的无常,去提高自己的逆商。请牢牢记住,一花凋零荒芜不了整个春天,一次挫折也荒废不了整个人生。

>  自律的人生更自由

## 咬牙熬过深沉的苦难，你的人生将触底反弹

### 01

几年前，一个许久不见的老同学在微信上找我借钱。她带着哭腔给我发了一大段语音，说自己实在是撑不下去了，想要辞职回老家。27岁，出来工作了7年的她，将所有银行卡里的钱凑在一起，竟连回家的路费都不够。她说，因为穷，她已经连续吃了一个月的清水煮挂面。

她学历不高，曾做过餐馆服务员、瓷厂流水线包装员、服装店店员，辗转换过很多工作，可是依然没钱。当时的她，是一名最普通的销售人员，一个月的工资只够付房租和吃饭，偶尔还要自掏腰包请客户喝饮料。她说，自己一个人在城市

## NO.4 足够自律，才有选择的权利

里苦苦支撑，只是想让家里人对她高看一眼。然而，最终换来的却是花费越来越多，积蓄越来越少，身体越来越差，压力也越来越大。

就像那句话："我拼尽全力，过着平凡的一生。"有些人，光是活着就已经竭尽全力了。

### 02

记得很久以前曾看过这样一条新闻。地铁上，一位年轻的妈妈大声呵斥自己的孩子——孩子把价值5元的地铁车票玩丢了。出了车站，这位妈妈火气还没消，仍然不停地训斥小孩。路人看不过去，劝这位妈妈："就5元钱而已，你再补办一张，不要这样对小孩。"这位妈妈哭诉："我没那么多钱啊！5元钱已经很多了，钱好难赚。"

原来，她和老公长期分居，自己带着孩子住在娘家。她一个月辛辛苦苦都赚不到1000元钱，每天要起早贪黑地去做钟点工，还得照顾生病住院的母亲。而孩子每个月的抚养费就要1000多元，实在没钱了，只能四处去找亲戚借。5元，对她而言，真的很多！为了生存，她只能忍受生活的磨难，无

处诉苦，无法挣脱。我们只看到了她呵斥孩子时的无情，却没看到她拼命撑起生活时的艰难和辛酸。

有人说，现代人的崩溃常常是无声的。他们看起来很正常——会说笑，会打闹，表面平静，实际上内心的糟心事已经积累到一定程度了。他们不会摔门、砸东西，不会哭泣或歇斯底里，但糟糕的情绪可能会在某一秒突然到达顶峰，击垮他们对生活的所有期待。

在这个世界上的各个角落，还有那么多在努力挣扎求生的人：你可能会在路边见到眼圈红红的外卖员——也许是因为前一秒刚刚被取消了订单，而家里生病的小孩还等着他早点买药回家；你可能会在凌晨3点的菜市场看到疲惫的菜农——他们起早贪黑忙着卸菜、摆摊，单薄的背影在夜色下显得格外孤单；你可能会在深夜的快餐店里看见无家可归的留宿者——他们自带毛毯和食物，在别人异样的眼光中度过又一个没有收入的夜晚；你可能会在医院走廊上看到跌坐在地上一动不动的病人家属——他们手里拿着病危通知单，可银行卡里却再也没有余额继续支付医药费了。

刘亮程在《寒风吹彻》中写道："落在一个人一生中的

## NO.4 足够自律，才有选择的权利

雪，我们不能全部看见。"多少人活得像筋疲力尽的溺水者，在黑暗冰冷的水中挣扎，却只能任绝望将自己包围。

### 03

美国作家芭芭拉·艾伦瑞克写过一部纪实作品《我在底层的生活》。她隐藏自己的社会身份和社会地位，进入美国底层社会，去体验工薪阶层是如何挣扎求生的。她去过六个不同的城市打工，每到一处她都断绝和过去的朋友们的来往，全靠着1000美元的积蓄开始生活。她换了几次工作，做过超市店员、女佣等多种工作，但结局都一样，她发现自己陷入了一个死循环。

因为没钱，所以不得不住在房租相对便宜的偏远地区；因为住在偏远地区，所以每天不得不把大量的时间用在路上；因为花费很多时间在路上，所以她根本没有时间认真看书学习、提升自己，去找一份更好的工作；因为工作时薪低，生活成本又高，她只能去找更多的兼职；因为每天大部分时间都在工作，活得像台机器，她渐渐无力做其他任何事情，直到情绪爆发，换一个城市，进入下一轮循环。

自律的人生更自由

有人说穷人之所以穷,是因为他们眼界狭窄、短视、不懂得做计划,更不懂得花时间提升自己。但芭芭拉说:"太长时间的专注工作,太需要不计一切地专注在眼前的事情上,使我不知不觉变成一个视界狭窄的人。"

有些人,单单为了生存,就已经花光了全部的力气。他们活得那么用力,用力到令人心疼。

## 04

电影《怦然心动》里有这样一句台词:"有人住高楼,有人在深沟;有人光万丈,有人一身锈。"

同样是住在22楼的《欢乐颂》姐妹,标准"富二代"曲筱绡有家底、有人脉、有本钱,活得潇洒肆意、敢爱敢恨。而另一边,只身奋斗了好几年的樊胜美,人美、情商高,却被自己吸血鬼般的父母和哥哥逼得走投无路。

经常会看到这类新闻:谁家拆迁分得了2000万,谁一个月的理财收益比普通人一年的工资都多。而想想自己,为了梦想,不得不蜗居在城市边缘不到20平方米的小房间,喝酸奶必舔盖,逛超市买得最多的是打折品,偶尔去吃一次火锅

## NO.4 足够自律，才有选择的权利

都要精打细算……

生活很苦，但仍请你不要放弃对生活的希望——即使再艰难，即使站在最黑暗的角落，心中依然要渴望光明。村上春树说："尽管眼下十分艰难，可日后这段经历说不定就会开花结果。"我们别无选择，只能拼了命赚钱，再咬着牙度过年轻时这段艰难贫穷的日子。

## 05

好的运气令人羡慕，而战胜厄运的勇气则令人惊叹。生活不易，但仍有人能在重压之下触底反弹，在苦难的尽头看见光明。愿那些你吃过的苦、受过的累，能在不久的将来闪闪发光，成为最美的勋章。愿所有努力的生命都被温柔以待。

# NO.5
## 自律的程度，
## 决定你人生的高度

自律的人生更自由

## 生活有多将就，生命就有多平庸

### 01

韩国有一部电视剧，叫《经常请吃饭的漂亮姐姐》。

女主尹珍雅是个30多岁的职场女性，是世俗眼光中的"大龄剩女"。恋爱中，相处了一年多的男友移情别恋并提出分手，评价她像魔芋一样淡而无味。家庭中，思想观念传统的妈妈成天催婚："周围就剩你一个了，赶紧嫁了吧，真不知道你到底是哪里出了问题。"职场上，男领导总喜欢滥用职权、推卸责任，甚至随意占她便宜……

被生活压得喘不过气的女主，像极了平凡生活中的你、我、她，真是应了背景音乐里的那一句歌词："有时候，做个女人好难。"

分手后,前男友一次又一次地来找她,死皮赖脸地求复合。妈妈总是告诉她:"你条件不如他,你就将就将就吧。他既然道歉了,你就该原谅他,只要能顺利结婚就行了。"然而,"大龄剩女"也有属于自己的骄傲。循规蹈矩地活了三十多年的女主,终于开始学会拒绝。

她不将就感情,不畏惧催婚,拒绝了领导不合理的要求。就算现实残酷、世俗冰冷,她也不愿再过将就的生活。一直在黑暗中倔强前行的她,终于遇上了自己人生中的一束光亮,与比她小6岁的男生谈起了甜蜜的恋爱。

人生已经有那么多的不如意,为什么不对自己好一点呢?希望你我也能像尹珍雅那样,余生不再过将就的生活。

## 02

好友阿莲曾对我说,她的生活就是一部关于"妥协"的连续剧。对不爱她的男人妥协,只为换来家庭的安稳;对成天使唤她的同事妥协,只为换来办公室的平静;对低质量的生活妥协,因为她已经没有精力去改变什么。

从小就被夸"成熟懂事"的阿莲，其实一点也不快乐。

许多人也许都有过这样的感受：成年之后，不得不一次又一次地向生活妥协。

日复一日地做着不喜欢的工作；下班后太累，没有多余的精力去锻炼，身上的每一层赘肉都在诉说着自己的不堪；也曾幻想身边会出现一个如山间清晨般明亮的人，伴自己数遍生命的路牌，却只能在父母的催婚、世俗的压力下，匆匆地找个条件相当的人度过余生。

一步将就，步步将就。太多人被淹没在妥协之后平庸无趣的生活中。就像罗曼·罗兰所说："大多数人在二三十岁就'死'了，过了这个年龄，他们变成了自己的影子，往后的生命只是一天又一天不断地复制着自己。"

年轻的时候，我们想吃、想爱，想一瞬间变成天上半明半暗的云。然而，生活却慢慢将我们锤炼成没有底气的打折品，被动地上演着人生的心酸与无奈。

## 03

人活一世，生命太珍贵，我欣赏那些不将就、不妥协的人。

## NO.5 自律的程度，决定你人生的高度

作家毛利讲过这样一个真实的故事。

有一个女孩，爱好有点独特，就是喜欢种菜。平时除了上班外，她还在城郊的农场租了块地，春天种草莓，夏天种丝瓜，生活过得有滋有味。

有一阵子，她谈了一个男朋友。男孩正处于创业初期，忙得不可开交。两人挤出时间约会，女孩却越来越发现，每次跟男孩在一起的时候，她整个人都异常烦躁。她受不了男孩总是一副壮志未酬的样子，受不了男孩总是跟她聊创业细节，也受不了两人在一起说甜言蜜语的亲热时光。

对她来说，两人相处的时间远没有她在郊外种菜时那么快乐。种菜的时候，她能感受到自己心态的平和，能收获发自内心的喜悦，看着植物在阳光下生长，她无比满足。于是，她不再将就这段乏味的恋情，又快快乐乐地去农场种菜了。

所以，喜欢独处，就没必要强迫自己去参加低质量的社交活动；喜欢跟小帅哥谈恋爱，就不必勉强自己和猥琐的花心男人凑合过一生。喜欢就去争取！希望你能为了一个理想全力以赴，而不是退而求其次，终生过着打折的生活。

生活从来不是用来将就的，而是用来享受的。

## 04

纵观身边那些活得越来越精彩的姑娘，我发现她们有一个共同点：对生活永远充满热忱。

有人不愿意将就着吃快餐，就每天早起1小时给自己准备丰盛又健康的午餐便当；有人不愿意向自己的赘肉妥协，就每周坚持做三次以上的瑜伽；有人不愿意与讨厌的工作每日相伴，就选择从零开始，踏入完全陌生的领域。

做自己喜欢做的事，才能拥有真正幸福的人生。一生那么短暂，哪有那么多时间浪费在无谓的人和事上呢？我们要的不是"凑合过日子"，而是"按自己的意愿生活"。要想生如夏花般绚烂，最重要的是要有不妥协、不将就的人生态度。

## 05

爱自己，是生命浪漫的开始。努力活出自己想要的样子，才是给自己最大的宠爱。只愿你，不要再过将就、打折的生活。

**NO.5** 自律的程度，决定你人生的高度

## 富养自己，抓住你的人生增值期

**01**

人在20多岁的时候，特别容易感到迷茫。

作家蕊希写过这样一段话："我习惯了三点一线，周末也不再有任何社交，自己窝在家里和窗边的猫亲昵；我习惯了保持沉默，有意见也不再反驳，自己在座位上和眼前的屏幕交流着自我。"

你是否也习惯了每天固化的生活，不再拓展自己的生存空间，不再探索更广阔的世界？局限于小小的舒适区中，虽然能让你感到暂时的安心，却也让你失去了更多可能性。

20岁以后，你要学会走出舒适区，学会富养自己。

自律的人生更自由

## 02

日本作家松浦弥太郎年轻时经历过一段贫困潦倒的时光。

他18岁从高中辍学后,卖过二手服装,贩过二手书,对未来充满迷茫。后来,他努力存了一笔钱,然后去了米其林三星餐厅吃饭——不是为了向人炫耀,而是为了体验、学习。

餐厅的菜肴很棒,使用的餐具也值得欣赏,从服务到装潢,都值得学习。但那次用餐中,让他收获最大的,是在那家餐厅用餐的客人。在餐厅用餐的常客都很自在,用餐礼仪很周到,姿态也都很优雅。

那段经历给他带来不少收获。他希望自己有朝一日,也可以像他们那样从容。他说:"随着年龄的增长,我越来越希望可以体验一些超越自己能力的事。我期许自己永远保持一颗坦诚的心,即使再小的事,也希望能产生感动,不忘初衷,成为'永远的初学者'。"

年轻时,真的需要多去看看外面的世界。几年前,我放下周围熟悉的一切,只身前往陌生的国度。曾在春日的夜晚去看樱花,看花瓣以每秒5厘米的速度飘落,就像下了一场阵

## NO.5 自律的程度，决定你人生的高度

雨；也曾打工到深夜2点，看窗外辉煌的灯火如星光般闪耀，不远处是喝得烂醉、躺倒在酒吧门口的上班族；还曾在人来人往的新宿街头，疲惫不堪地拖着两个行李箱，驻足听完一整场乐队表演。从那以后，每当我对生活感到失望，就会回想起那时遇见的风景。

20岁以后，你要学会富养自己。你要有意识地让自己见见世面，去看星空，和日月星辰对话；去爬雪山，站在更高的山峰上俯瞰世界。你会发现，自己的痛苦在浩瀚的宇宙中有多渺小。

年轻的时候，你读过的书、遇见的人、体验过的生活，都将沉淀下来，融进你的气质。那些见识和感悟，都将化作让你继续前行、探索世界的勇气。

## 03

我有位在媒体行业工作的女性朋友，总是以元气满满的样子出现在每个人面前。精致的妆容、干练的短发、自信的笑容，使她成为我心中为数不多的"女神"之一。

其实，我这位朋友最初也只是个皮肤黝黑、有点土气的

小女生。那时候的她，非常讨厌自己，无论是在工作中还是在生活中，都非常不自信，这种情绪一直持续到23岁，当时的她正处于事业的最低谷。一直拍摄的杂志资源没了，主持了好几年的广播节目也被换掉，她感觉自己好像什么都做不好。于是，她一个人去了纽约。

以前的她，总是习惯于让别人帮自己做选择，妆容、穿搭、面对镜头该说的话……都是公司决定的。到了纽约她才发现，原来很多事情自己是可以主动选择的。她站在纽约的街道上浑身颤抖，一半是因为寒冷，一半是因为激动。她说："从那以后我每天都很开心，现在变得漂亮，也是因为有了自我意识。"

从那以后，她开始自己研究妆容，每天在家一边做拉伸一边化妆，从言行到穿搭，都按照自己内心的想法去做，不再随波逐流。30岁生日时，她说："我不要等着被安排，我要过一种主动的生活。"

学会主动选择以后，原本不自信的小女孩，逐渐蜕变成了成熟、独立的"女神"。

20岁以后，你要学会主动选择自己的生活。就像《安顿

## NO.5 自律的程度,决定你人生的高度

一个人的时光》中说的那样:"真正的童话故事,就是为自己打造无比美好的生活,而不是想着被别人拯救。"

什么是真正的富养?真正的富养,不是买无数的奢侈品取悦自己,也不是沉浸在纸醉金迷的生活中。真正的富养,是抓住自己人生中关键的增值期,大胆规划自己要走的路,即使这条路上布满了荆棘。

## 04

自从好友萱萱和她的男友分手后,我很少再见到她。直到在最近的一次活动上相聚,我才发现她已经把长发剪短了,瘦了点,气色看上去却比以前更好了。我小心翼翼,不敢在她面前提起过往,她却毫不在意,笑着对我说:"单身真好,不用再管他喜欢什么,可以为自己而活了。"

原来,分手后,她开始养绿植、练书法,看一些小众又文艺的电影。她拾起了以前丢掉的兴趣爱好,在周末学烘焙、学摄影,一个人玩得不亦乐乎。她说,一个人也可以很快乐,因为你可以将全部的时间和精力都投注在你的兴趣、梦想或目标上。

人，要学会享受独处的时光。

我们每一个人，都是这个星球孤独的产物。叔本华说："只有当一个人独处的时候，他才可以完全成为自己。谁要是不热爱独处，那他也就是不热爱自由。因为只有当一个人独处的时候，他才是自由的。"

一个人的一生中，至少要有一段自己独立生活的时间，这样才能学会与自己相处，学会享受孤独。去经历，去感知，去理解这个世界，一个人也可以活得丰富多彩。

美剧《生活大爆炸》中，霍夫斯塔特博士说过这样一段话："或许你在学校格格不入，或许你是学校里最矮小、最胖或最奇怪的孩子，或许你没有任何朋友。其实，这根本无所谓。我的重点是，那些你独自度过的时间，比如组装电脑或练习大提琴，其实你真正在做的是让自己变有趣。等哪天别人终于注意到你时，他们会发现一个比他们想象中更酷的人。"

富养自己，是让那些独处的时光，变成最美好的增值期。

## 05

抓住人生增值期，富养自己，是一种人生态度。

## NO.5 自律的程度，决定你人生的高度

你是愿意让生活日复一日枯燥地重复着，还是愿意跳出舒适区，让自己活得更加丰盈充实？相信很多人都会选择后者。大冰曾说："这个世界上的大部分传奇，不过是普普通通的人们，将心意化作了行动而已。"愿你我能够用心生活、用力去爱，勇敢地拥抱生活里的每一个瞬间。

## 冲破惯性思维，你会活得更从容

**01**

我认识一个男生，他单身好多年了。有一次，他在微信上问我，身边有没有单身的女孩可以介绍给他。刚好朋友中有个柔柔弱弱的女孩，前不久刚失恋，正沉浸在消极情绪中无法自拔。我便跟她打了个招呼，将她的微信推送给了男生。

谁知，5分钟后，男生在微信上发过来一句话："用这种微信头像的女生，我还是不加了吧，感觉没见过什么世面。"我满脑子问号，仔细看了一下女孩的头像：那是她戴着一条白金项链的自拍，项链上挂着一个精致的小吊坠。没问题啊。男生继续说："像这种连头像都要炫耀首饰的女生，一般都很虚荣。她们喜欢在朋友圈里发九宫格自拍：今天男友送了个名牌包，要拍几张照片感谢一下；明天去东南亚旅游，从上飞机到上厕所，全程都要直播；攒几个月的工资买条项链，说不定还会把购物发票都发到社交平台博眼球。我不喜欢这种没见过世面又虚荣的女生，她们跟我肯定合不来。"

看着那一大段文字，想到他在手机背后那故作高深、满脸嘲讽的表情，我不禁厌恶至极。他不知道的是，那条项链是女孩的外婆生前送给她的生日礼物。最疼爱她的外婆过世之后，她就再也没换过微信头像。

生活中总有这样一类人，喜欢用恶意揣测的目光去伤害别人。

一个人最大的恶意，就是将自己的揣测强加于人，并坚信自己是正确的。"你不是我，怎知我走过的路，心中的苦与乐。"不要凭借着蛛丝马迹、只言片语就去评价别人的人生。在你看不到的角落，多得是你不知道的事。

## 02

有人曾在网上曝光了一张在某办事窗口拍到的照片。

> 自律的人生更自由

照片中，一名女性工作人员正在窗口办公。她没有穿工装，而是穿着一条休闲吊带裙。该网友在发照片的同时，还配上了一行略带讽刺意味的文字："这是改进窗口工作作风吗？真是走在潮流前线啊。"他认为，那名工作人员非常不专业，穿成那样坐在办事窗口，实在有碍观瞻。然而，他不知道的是，那名工作人员当天已事先请过假了。她换好便服，正准备离开时，恰逢有人前来办事，为了不耽误对方时间，她推迟离开，临时受理了业务。没想到，本来是助人为乐的一件事，她却因着装问题而被拍照并晒到了网上。

一个人看不惯的人和事越多，这个人的境界就越低，格局就越小。有些人，在对别人的行为指手画脚的时候，总是一副万事万物了然于心的样子。然而，现实情况是，他们总是在不了解事实真相的情况下，捕风捉影、擅下定论。

人们总是急于表达自己、一吐为快，对自己看不惯的人和事指指点点、肆意评价。然而，你没经历过别人的生活，不了解别人有什么样的苦衷，凭什么妄下结论、恶意揣测？一味按照自己的惯性思维去思考问题的人，是极其狭隘和无知的。

## NO.5 自律的程度，决定你人生的高度

### 03

知乎上有一个问题："去过100个以上的国家是一种什么样的体验？"点赞很高的回答是这样的："懂得了这世界上没有绝对的正确与错误，能够接受别人有不同的三观和其衍生出来的思考方式。"

真正见过世面的人，不会评价别人没见过世面，因为当一个人看过的人间冷暖越多，他对这个世界的偏见就会越小。这个社会给人们设定了太多的条条框框：女生必须怎样，男生必须怎样。然而，这个世界不是非黑即白的，真正有修养的人，会体会别人的苦衷、尊重别人的不同。

很喜欢一个专栏作家写过的一篇文章。文中记录了她在法国那几年的生活，她觉得法国菜很难吃，人很懒，看个病有时候要预约两个月，餐厅离市区太远。但是，她在那里体会到了尊重的意义：七十岁的老年人可以穿着粉红色的香奈儿套装，涂着大红色的口红，穿着亮闪闪的中跟鞋走在大街上；你可以穿得特别邋遢，上衣上写着"解放法国"，头发用羊毛线编成一坨坨的，耳朵上坠着瓶盖大的铁环，看起来脏

兮兮的；你可以把冰激凌喂给你的狗吃，或者和你的狗分着吃……没有人会用异样的眼光看待你。

## 04

"看他的微信头像，就知道他没见过世面。""看他的微信名称，我就猜到了他是个'渣男'。""看她在网上晒出的照片，就能看出她很好追。"

心理学上，有个词叫"标签效应"，即我们很容易以自己固有的经验，去给别人贴上标签、做出判断。然而，太多人都是从自己的角度出发，选取自己想看的真相，他们歧视别人和自己不同的地方，总是站在道德的制高点上任意评价和质疑别人。

静坐常思己过，闲谈莫论人非。没有谁有权利去评价、干涉他人的生活。"不要贸然评价我，你只知道我的名字，却不知道我的故事。你只听闻我做了什么，却不知道我经历过什么。"

愿你能够冲破惯性思维，不带偏见地去看待他人，从容地活着；也愿你不被他人轻易贴上标签，勇敢地活成自己想要的样子。

## 告别无效囤积，跟不必要的烦恼说再见

**01**

过期的水果罐头、配不上对的袜子、三观不合的朋友、态度冷漠的爱人，这些对自己没有任何益处的物或人，都应该及时从生活中剔除。

**02**

认识的一个姐姐，我一直觉得她很酷。明亮的眼睛自带几分高冷疏离的气质，平时穿的衣服色系以黑、白、灰、蓝居多，看上去干净清爽；不看短视频，不玩游戏，喜欢阅读杂志和书籍；严格控制饮食，蔬菜沙拉和三文鱼是她的最爱，

自律的人生更自由

从不碰油炸食品和碳酸饮料；与人交往保持适当的距离感，不过分亲昵，但也足以让人放松。看到她，我总会想起一个词：少即是多。

有时候觉得这个世界过分喧嚣，因此，有不少人开始向往极简的生活。他们崇尚断、舍、离，定期清除囤积的物品、无用的社交、繁杂的信息。他们喜欢给欲望做减法，活得克制而简单。他们认为，拥有得越多，生活越烦琐，适当清空人生反而会让生活更轻松。

曾看过一条新闻。某地一个年轻的姑娘，在某酒店里住了两个月，可她从不允许保洁人员进入房间打扫卫生。酒店负责人担心会有安全隐患，只得报警求助。

民警敲门，一个长相甜美、白白净净的姑娘来开门了，然而，从她房间里弥漫出的阵阵馊臭味却令人难以忍受。进了屋，屋里的一切更是让所有人目瞪口呆：一张双人床，有半张床被方便面盒、吃过的快餐盒和空饮料瓶所霸占；床头柜上，半碗粥和一盒开封的牛奶已经发霉；房间空地上，更是堆满了各类生活垃圾和凌乱的衣物……

这条新闻让我想起哈佛大学的一项研究：幸福感强的成

## NO.5 自律的程度，决定你人生的高度

功人士，居住环境往往干净整洁；而不幸的人，通常生活在凌乱和肮脏的环境中。那些什么都不愿意扔的人，生活往往过得混乱而麻木。

我的朋友安安则是另一个极端。出差时我曾在她家住过几天，当时完全被她房间的"冷淡风"给迷住了。

她家没有多余的家具，只有一套木头桌椅、一张单人床、一个衣柜、一套厨柜；地板擦得光可鉴人，铅笔整齐地码在笔筒里；厨具和餐具都各归其位，只有做饭时才从柜里拿出来。

她说，自从扔掉家里的大部分杂物之后，她每天都感到神清气爽。这很符合日本美学家山下英子在《断舍离》中所说的："用最少的物质，满足最大的需求。"

不少人开始奉行"不持有"的生活。他们把个人物品的数量降到需求范围内的最低：一切不需要的东西，扔掉；可以被替代的东西，扔掉；使用频率很低的东西，扔掉。他们不再囤积便宜货，而是在经济可承受的范围内，买品质最好、最耐用的东西。

删繁就简，让人们告别了忙乱和焦虑，告别了浮躁和拥挤，生活得更加高品质。

> 自律的人生更自由

## 03

下班回家的路上,我看到朋友发了条微博:"工作一天后的冰镇啤酒,是平凡生活中最美好的小确幸。"配图是他一个人坐在自家阳台,拿着一罐啤酒浅酌的自拍。我会心一笑,给他点了个赞。

在忙碌的城市生活中,我们习惯了佩戴各种面具,唯有在下班后独处的时光里,才能放心大胆地展现真实的自己。回到家里,脱掉鞋子,光着脚踩过客厅的地板,打开喜欢的音乐,换上舒适的家居服,给自己煮杯奶茶。一天之中所有的疲惫和烦闷,都在独处的时间里烟消云散。

越来越多的人,从一开始就拒绝无效社交。他们不会为了所谓的人脉,跑到聚会上跟一群陌生人"尬聊":满嘴客套话、把脸笑僵、互相敬酒、加微信好友,但是三天后完全记不清对方是谁。相比把时间和精力花在酒桌上的觥筹交错中,他们更喜欢在独处中默默提升自己。

杨绛先生说:"我们曾如此期盼外界的认可,到最后才知道,世界是自己的,与他人毫无关系。"

删去手机通讯录里从未联系过的人,拒绝一切无意义的饭局。简单干净的社交圈,可以过滤掉大部分不必要的烦恼。

## 04

29岁的菜菜,用自己攒了10年的存款买下了一套单身公寓。面对家里催婚,她非常有底气地说:"我自己有房,有车,有喜欢的工作,没有'小红本'又怎么样呢?"

正如周国平在《闲适》中所说:"世上有味之事,包括诗、酒、哲学、爱情,往往无用。吟无用之诗,醉无用之酒,读无用之书,钟无用之情,终于成一无用之人,却因此活得有滋有味。"

"90后"辛雨,单身6年了,却将生活过得有声有色:想去伊豆泡温泉,买张机票就下楼;想去清迈吃米粉,定个酒店说走就走;下班后看书、练吉他,花一晚上的时间为自己做一份甜品,睡得安稳又踏实。她说:"单身久了,就像上了瘾。独处的时间那么愉快,好像也不是非要恋爱不可。"

网上曾有一个关注度特别高的问题:"现在的男生为什么不爱追求女生了?"点赞数最高的回答一语中的:"如果生命

不能浪费到值得的人身上,那我宁愿浪费到自己身上。"

越来越多的年轻人,宁愿单身,也不愿在感情中委曲求全。比起捆绑着相顾无言,不如一个人开开心心地沉默。

人类很多痛苦的根源,就在于对一段关系寄望过深。寄托在别人身上的幸福,特别容易幻灭,而单枪匹马闯江湖,却可以将一个人活成一支队伍。

## 05

周国平说:"人生最好的境界是丰富的安静。"

我们可以试着告别一些事:囤积症,无效的社交,花里胡哨却不真诚的情感。做个极简主义者,你的人生会更优雅。

## 收起控制欲,是收获美好关系的前提

**01**

我的好友苏青,有比较严重的乳糖不耐受症。她每次喝完牛奶,都会肚子胀气,不得不三番五次地往厕所跑。而苏青的妈妈,从小到大都逼着苏青按自己的想法生活:每天早晨必须喝一大杯的牛奶,即使苏青喝完就会不舒服;高中文、理分科时必须选择理科,即使苏青的文综成绩排在年级前三名;填志愿时不能选择外地的大学,即使苏青特别想去其他城市独立生活……苏青每次反抗,她的妈妈都会抛出一句话:"我这都是为你好。"

曾看到一篇文章里有这样一句话:"'为你好'三个字,

自律的人生更自由

是世界上包装得最好的脏话。"那些嘴上说着"为你好"的人，实际上都是从自己的角度看问题，给你的全部是他们自以为是的好。这三个字背后隐藏的，是深深的控制欲和优越感。殊不知，甲之蜜糖，乙之砒霜。再好的感情，都可能会毁于强烈的控制欲。

## 02

某演说家曾在演讲中分享过自己的一段经历。

和丈夫结婚后，除了照顾丈夫的饮食起居，她觉得自己另一份重要责任就是督促他去做她自己认为对的事情。每一次，当她掏心掏肺地说着"为你好"，强迫他去做一些事的时候，她以为老公会眼含热泪、非常感谢地对她说："老婆，谢谢你。"然而，每一次丈夫都是忍无可忍地爆发："你为什么总是要勉强我？"这名演说家说："你有没有良心，你知不知道我这是为了你好？"而丈夫的话让她彻底傻了眼："拜托，那是你的梦想，不是我的梦想。如果你真的是为我好，就不要用这种态度跟我说话，不要命令我，不要把我当成傻瓜、笨蛋。"

## NO.5 自律的程度，决定你人生的高度

在一段感情中，"为你好"和"对你好"的最大区别就在于：前者永远站在自己的角度，想当然地为对方安排人生，却从未考虑过对方的感受；后者则是站在对方的角度，设身处地地为对方着想。

即使是关系亲密的情侣、夫妻，也需要收起自己的控制欲，要尊重对方的喜好、隐私与独立意志。婚恋关系中，有多少人打着"为你好"的旗号，不断地干涉你、管教你，希望你能成为他的影子："结婚后就把工作辞了，专心在家带孩子吧，我养你。""你不要再和你那群哥们来往了，和那样的人交往没前途。"……

然而，就像一本书中所说："真正成熟美好的亲密关系，是能窝在爱人怀里孤独。"真正的爱是：我是爱你的，但你是自由的；我会对你好，而不是为你好。

### 03

在这个世界上，有些人有着很强的控制和干涉别人生活的欲望，他们肆意评价和干涉着别人的人生。

一名中年女人正在摆摊卖东西，正值午饭时间，她老公

自律的人生更自由

骑着自行车过来送饭。男人一下车，就带着歉意说："对不起，我来晚了，饿了吧？"女人看着着急给自己送饭的丈夫，笑着说："没事，不着急，还早呢。"男人笑着从自行车前面的筐里取出午饭，两人坐在路边的台阶上吃了起来。这时候，路过的一名中年妇女看着两人餐盒里的饭菜，诧异地对女人说："大妹子你真可怜，辛辛苦苦工作，老公就给你吃这些寒酸的东西，连块肉都没有。"说完就转身离开了。这句话的言外之意想必是："我这样说都是为你好，和这样的男人在一起是没有未来的。"轻飘飘的一句话，让夫妻二人面面相觑，简单美味的饭菜也失去了原本幸福的滋味。

太多人有这样一种习惯，把自己眼中的幸福，定义为别人需要的幸福。可是，你又怎么知道别人经历过什么、拥有怎样的感受呢？永远不要把自己的意见强加在别人身上，而是应该学会尊重别人的选择。每个人都有自己选择的生活方式，只要自己觉得自在，那就是适合的。

我们常常听到这样的言论："你条件那么好，完全可以找个更好的男人。我是为你好，跟他分了吧。""男人没有不粗枝大叶的，这点小事没必要离婚。忍忍吧！"……

说这些话的人，他们有时并不是真正地站在你的角度对你好，而只是抱着一种看热闹的心态在看戏。这样的干涉，是一种自私，更是一种伪善。

**04**

每个人都是独立的个体。感情再好，都不要企图打着"为你好"的旗号对别人进行控制。尊重和包容，才是真正对一个人好。

自律的人生更自由

## 内在丰盈，才能拥抱真正的优雅

### 01

有段时间，某咖啡品牌推出了一款漂亮的杯子，由于外表可爱，加上"限量营销"的炒作，这款杯子极受欢迎。

这款原价几百元的杯子，后来价格被炒到了1000多元一个。为了抢到这款杯子，有人深夜2点就扎起帐篷在咖啡店门口排队；有人直接在柜台后大打出手，争得你死我活；有人甚至在推挤的过程中撞碎了一整箱的杯子，连累了无辜的店员……一个杯子而已，为什么会引发这种场面？有人揭露了真相：这款杯子容量小、难清洗，买它只是为了拍照好看而已，把拍好的照片发到社交平台，会引得众人艳羡。

## NO.5 自律的程度，决定你人生的高度

这简直就是当代假精致年轻人的群像：拿着精致的杯子，在社交圈里假装岁月静好，即使自己前一秒才为了抢这个杯子而跟人大打出手；左手一杯奶茶，右手一份精致的"网红"蛋糕，该跟的潮流一点都没落下，即使自己浪费了一整个下午的时间用来排队；妆容精致、身穿名牌，踩着高跟鞋穿梭于写字楼间，白天拍精致的午餐，晚上拍唯美的红酒杯，全然忘记了自己早已负债累累。假精致，掏空了多少人的钱包和内心。

美国社会学家米尔斯这样形容这群人："空虚者的娱乐奠基于他们自身的空虚和无法填补的空虚……他们通过休闲来摆脱工作中永无止境的折磨，凭借消极的奢侈享受和尖叫销蚀生活的枯燥。"

## 02

我在看美剧《老友记》时，对其中的一个情节印象十分深刻。

罗斯遇见了一个身材火辣、妆容精致的女生，约会结束后，女生邀请罗斯去她家坐坐。刚进门，罗斯就被眼前的场景震撼到了：沙发上堆积着无数的脏衣服，地板上都是垃圾，

桌子上则是还没吃完的零食。女生一边捡起一个薯片罐子，一边寻找那不见踪影的宠物仓鼠。在这个脏乱无比的家里，几乎连个落脚的地方都没有……谁能想象到那个在外面精致漂亮的美少女，其房间竟如此令人作呕。

一个正在读大学的女孩，在网上花了上千元，用来购买拍照道具。大理石背景纸、干花、咖啡豆、英文桌布、火烈鸟、盆栽……她用这些道具拍出的美美的照片，在社交平台收获了无数个赞。

然而，这些美照的背后，却是被"精致"蒙蔽的现实：精致的英式早餐，是在凌乱的床上铺上桌布摆拍的；北欧风的梳妆台，是在杂乱无序的书桌上腾出的一个空位；社交平台一片岁月静好，现实宿舍却乱成一团糟。

许多人所谓的优雅精致，其实只是一种假象，一场作秀罢了。真正的精致，都藏在别人看不见的地方。

## 03

才女林徽因，曾有过一段颠沛流离的生活。虽然住在偏僻简陋的屋子里，但她仍去旧货店淘来老家具和旧书，自己做了一个朴素的书架；在木凳上铺上些许饰布；在家里的陶罐里插上大把野花；夜间作诗也要做足仪式，沐浴焚香后，桌边要放上一盏茶、一把琴、一本线装书。

真正的优雅，是即使穷困潦倒，也要让生活过得有滋有味。

日本生活家有川真由美去旅行时，在免税店看上了一件衣服。那件衣服的风格虽然和她平时穿衣风格不一样，但设计感十足。她试穿了一下，果然很适合她，穿起来很好看，但是冷静下来后，她开始思考："我是需要它，还是仅仅喜欢它？如果仅仅是我喜欢它，一个月后我还会喜欢它吗？"考虑之后，她放弃了购买。因为她知道，这种风格的衣服，对她而言只是一时兴起，她喜欢的时间不会超过一个月。

真正的精致，是给生活做减法，让心灵回归理性。

## 04

《一代宗师》里有这样一句话："人活在世上，有的人活成了面子，有的人活成了里子。"别让自己为了面子而活，别被假精致绑架，生活的优雅从来不是附庸所得。内心丰盈的人，才能拥抱真正优雅精致的生活。

# NO.6

余生,
请将自律修炼成本能

自律的人生更自由

## 无法控制情绪的人，终将被情绪吞噬

### 01

某化妆品专柜，一名打扮时髦的女子，拿起一支口红在柜台上乱画、乱折。柜员看到了，连忙上前制止，女子的情绪却越来越激动。她一边哭，一边将擦过眼泪的纸巾丢得满地都是。下一秒，她又突然发疯似的狂砸柜台上的化妆品。口红、粉底液、化妆水……柜台上的化妆品都没能逃过她的摧残，甚至连柜员用的平板电脑也被她砸了。柜台经理耐心劝说，试图让这名女子冷静下来，然而，情绪失控的女子已经听不进去任何劝说，她一连打砸了好几个柜台，经理无奈之下只好将她制伏在地。随后，该女子还想用地上的碎玻璃割腕，幸亏被及时制止了。

有人说这名女子情绪失控是因为她刚失恋了，在化妆品专柜情绪突然爆发了；有人质疑会不会是柜员的服务态度不好，让女子觉得受委屈了。然而，作为一名成年人，无论在什么时候，我们都不应该让自己的坏情绪波及旁人。正如一名网友所说："有些人从小在家砸东西砸惯了，就以为普天之下的人都得惯着她呢。"

一些成年"巨婴"，信奉"会哭的孩子有奶吃"。他们习惯了以自我为中心，过分放纵自己的情绪，却没有收拾残局的能力。成年人的世界里，不是只要哭闹就可以让别人哄着你、惯着你的。情绪不稳定的人，最终都要为自己的行为付出代价。

## 02

无独有偶。某地一服务区内，一名年轻女孩，拿了小吃摊的小吃却不付钱，嘴里还一直嚷嚷着："吃你点东西还要我钱？不知道我没带钱吗？不知道我手机没电了不能支付吗？"随后，她竟开始将锅里的玉米、鸡蛋砸向卖东西的大姐。安

自律的人生更自由

保人员过来劝架,女孩却嚣张地恶人先告状:"她欺负我,我没钱,她要我命。"说着说着还委屈地红了眼睛,歇斯底里地喊:"我是泼妇,你打我呀!我敢打你,你信不?"看到有人用手机拍她,她情绪更激动了,骂骂咧咧地追着拍照的人,随手抄起手边的东西一通乱砸。

无法控制自己情绪的人,真的很可怕。他们就像一颗颗定时炸弹,爆发时足以摧毁一切,让身边的人唯恐避之不及。尼采在《善恶的彼岸》中说:"如果情绪总是处于失控状态,就会被感情牵着鼻子走,丧失自由。"我深以为然。

## 03

我们身边,有太多因情绪失控而发生的悲剧。

一对夫妻在家中争吵,妻子欲开车离去,丈夫怒气冲冲地追出来,张开双臂拦在车的正前方。一刹那,妻子情绪失控,踩下油门,丈夫当场身亡。妻子被带到警察局时,整个人还是蒙的,嘴里反复念叨着:"如果当初,不那么失控就好了……"

某餐厅内,一名客人与服务员发生口角。客人觉得服务员态度不好，就发微博吐槽。服务员转身回到后厨，盛了一盆滚烫的开水，走到客人身边直接浇到她头上。听着客人的惨叫声，服务员不仅没有停止侵害，反而拽着客人的头发把她掀翻在地，并对她拳打脚踢。后经鉴定，被开水浇淋的女客人，全身大面积烫伤，达到七级伤残。

一念天堂，一念地狱。不良情绪就是心魔，如果你不学会控制它，它便会慢慢将你吞噬。一时的情绪失控，也许会毁掉自己和他人的一生，让人坠入万劫不复的深渊。

## 04

作为成年人，保持情绪稳定是一项必要的修行。成大事者，并不是没有脾气，而是他们不会让情绪左右自己，因为他们相信，坏情绪无法解决任何问题。

国学大师季羡林有一次和臧克家在一个小饭馆吃饭，邻桌坐的是一个带孩子用餐的女人。吃了一会儿，女人将小孩一个人放在凳子上，独自去了卫生间。小孩伸手去抓桌子上的花生米时，凳脚一滑，他摔倒在地，疼得大哭起来。季羡林看见了，连忙将他扶起来。不料，小孩的妈妈恰巧从卫生间出来了,她误以为是季羡林弄哭了自己家孩子,大声责问:"一个大人干吗欺负小孩,要是我儿子受伤了,我跟你没完。"

季羡林没有反驳她,他回到原座,继续不声不响地吃饭。周围的群众看不下去了,纷纷指责小孩的妈妈蛮不讲理:"是你家孩子自己摔倒了,这位先生好心帮你扶起他,你却不分青红皂白地就开口骂人,真没良心!"女人意识到自己理亏,也不好意思继续吃饭,牵着孩子灰溜溜地走了。

事后,臧克家问季羡林:"你明明是被人误解了,她那样骂你,你为什么不还嘴?"季羡林笑着说:"向一个骂你的人还嘴,接下来就是无休止的争辩,这是一个不好的开始。对我来说,斩断这个不好的开始,就是胜利了。"

## 05

人不应该活成一团情绪!被情绪控制,沦为情绪的奴隶,该有多可悲?当负面情绪产生时,我们首先应该提醒自己:"别急,现在应该策略性暂停,至少该等几分钟再做反应。"真正厉害的人,从来都不会让情绪拉低自己的层次,因为他

## NO.6 余生，请将自律修炼成本能

们懂得做情绪的主人，从根本上解决问题。

人生苦短，不要让坏情绪吞噬你的人生。

自律的人生更自由

# 给大脑留白，才能做自己大脑的主人

## 01

不知道你有没有过这样的感受？走在街上，感觉自己的耳膜被各种流行"神曲"轮番轰炸；在餐厅排队等座位，在公交车站等公交车，大多数人都在低头玩手机；各类社交平台上，无数人发出这样的感慨——"短视频真是'害人不浅'，不知不觉间，我竟然看了一整天"。

有数据显示，许多短视频软件，85%的用户在24岁以下，基本上都是"95后"，甚至是"00后"。很多年轻人将时间花在看短视频上，通过手机围观别人的生活；放下手机后，又会觉得周边的一切都索然无味。

## 02

有一次回老家，当时正在读高中的表妹看到我的第一句话就是："姐姐，你平时玩短视频吗？我们互相关注一下吧。"我看着她的空气刘海、棕色美瞳、略显成熟的大红色嘴唇，还有故意折到膝盖以上的校服裙子，突然不知道该说些什么。

关注了她的社交账号之后，我发现她每天都在频繁地更新动态，一天甚至可以上传好几个短视频。我不知道她每天花多少时间化妆、练习"手指舞"和配合音乐对口型，我只知道如果她的日常生活都被这些事情占据，那她用来学习的时间和精力势必寥寥无几。

看过这样一项调查："95后"最向往的新兴职业中，主播、"网红"占据了54%的比例。然而，这些主播、"网红"们，向年轻群体传递的都是什么样的价值观呢？

一些人生观、价值观还未成熟的未成年人，通过"网红"的世界，仿佛看到了另一种活法。"既然那么简单就可以获得关注、赚到快钱，谁还愿意头悬梁、锥刺股地寒窗苦读呢？既然拍一条短视频就可以抵上普通白领几个月的工资，谁还

自律的人生更自由

愿意勤勤恳恳地工作呢？读书太苦了，工作太累了，不如整个容，录几条短视频赚取关注度，最好再找个有钱人，从此就能享受光鲜亮丽的生活了。"不知道有多少人被这样荒唐的价值观荼毒，荒废了学业、堕落了青春，最终沦为社会的蛀虫。

## 03

凌晨3点半，忘了关手机的我被一条微信提示音吵醒，睡眼蒙眬地点开一看，是朋友发来的游戏组队邀请。明明是工作日，她居然玩游戏玩到了凌晨还不睡觉。

有人说："现在的年轻人，习惯于在网络小说中寻找爱情，在游戏里成就辉煌。"

微博上的娱乐圈八卦，让你沉浸在明星的绯闻琐事之中无法自拔；控制在2000字左右的短小的网络文章，保证让你5分钟就能读完，可看过之后转眼就能忘得一干二净；短视频15秒就给你一个刺激——你永远也不知道下一个15秒会看到什么。

这些软件为什么能让人如此上瘾？是因为你的每一次点

## NO.6 余生，请将自律修炼成本能

击，每一次滑动，都会产生实时的反馈。这些即时的反馈会刺激大脑多次产生多巴胺，并形成依赖，让你渴望下一个刺激的到来，从而陷入死循环。你麻木地盯着手机屏幕，玩到忘乎所以，看到眼睛发酸，却不知道自己的深度思考能力正在逐渐被腐蚀。到最后，除了大量的时间被白白浪费，你一无所得，留下的只是满满的空虚和焦虑。

你有没有过这样的感受？日常工作中，明明想要专心完成一项任务，转眼却被手机上推送的一条热点新闻吸引了注意力；回到家中，自己戴着耳机看短视频、看综艺节目，伴侣则全身心地投入游戏的世界，两人虽同处一个屋檐下，一晚上却说不上几句话；网络段子张口就来，短视频上的情节知道得比谁都多，对网络红人的名字如数家珍，却忘了自己有多久没有好好和家人聊聊天，一起享用一顿自己下厨做的晚餐。

你慢慢变成了自己曾经最鄙视的那种人，与记忆里那个朝气蓬勃的少年渐行渐远；你的生活变成了简单的两点一线；你在虚假的满足感中丧失了所有向上的动力。毁掉一个年轻人，也许只需要一个能让人获得短期快感的软件就够了。

自律的人生更自由

## 04

在这个快节奏的时代，那些选择慢下来的"异类"反而让人觉得可爱。

我有个朋友，用的一直是带键盘的旧款诺基亚手机。对此，他说："没有智能手机，受干扰的机会就少了许多。"他就像生活的旁观者，安静地工作、阅读、思考、观察这个世界。他会强迫自己读一些比较难懂的经典书籍："童话读起来毫不费力，但人的一生不可能只读童话，还是要强迫自己读一些读不懂、不好读的书。强迫自己读完，一定会有收获。"他心目中的理想生活是置身于另一个空间，去旅行，带着书和一把小琴。

作家皮克·耶尔逃离曼哈顿的摩天大楼，关掉电脑，抛开手机，逃离都市的喧嚣。他喜欢上了独处和思考，让精神和身体得到彻底的放松，给自己一个留白的空间。

王小波先生亦曾说过："一个人只拥有此生此世是不够的，他还应该拥有诗意的世界。"

从他们身上，我看到的不是浮躁的价值观、空虚的短期快感，而是一种安静的力量。

## NO.6 余生,请将自律修炼成本能

许多人都在埋怨:"垃圾游戏,毁我青春。""短视频害人匪浅,实在是浪费生命。"可是,毁掉你的,本质上并不是短视频,不是游戏,而是不够自律的你自己啊!

当你从荒唐的价值观、虚拟的快感中抽离出来,重新审视自己、审视周围时,你会发现:真正能让你获得充实感和满足感的,是那些需要长期投入精力的事物。你的精力分配比例,反映了你是什么层次的人。

如果你能认真执行每个月的健身计划,你会收获更好的身材、更健康的身体;如果你能把花在社交网络、短视频和游戏上的时间用来阅读经典书籍,1年后你的谈吐和修养都会发生质的变化;如果你能在下班后花点时间提升自己的专业技能,3年后你也能让自己的"睡后收入"翻上一番。

### 05

人应该做自己大脑的主人,给大脑足够的时间休憩、调整,而不该让自己变成一个被浮躁的价值观和短期快感毁掉的年轻人。要知道,现在每一天的短暂享乐,都透支着你未来生命中的无限可能。

[自律的人生更自由

## 谦卑待人,实则是在尊重自己

**01**

某游乐场里,一个小孩不小心将手里的零食弄掉在了地上。清洁工看到了,说了小孩几句,小孩的妈妈听到后,顿时情绪激动起来,对着清洁工破口大骂,就差拳打脚踢了。围观的人都在劝这个妈妈,但她仍然不依不饶、咄咄相逼。

小孩妈妈发火的原因,想必绝大部分是源于一种优越感:"一个工作人员,凭什么训斥我家的小孩?"

然而,对普通工作人员的态度,有时候足以暴露出一个人的人品。

## 02

有人说过这样一件事。

他在跑步的时候认识了一个哥们,那哥们长得白净斯文,看起来像高级知识分子。有次他们去外面吃饭,服务员过来倒水时不小心打翻了杯子,水溅到了那哥们的衣服上,服务员马上怯生生地道歉,手忙脚乱地拿纸巾给他擦拭。一般人估计皱皱眉也就罢了,可那哥们却怒气十足地骂了起来:"是瞎了你的眼了吗?倒个水都能倒在客人身上。"

这样的人,真的是金玉其外、败絮其内。看过这样一句话:"一个人如果欺下,必然畏上。无他,人性也。"那些打心眼里瞧不起普通工作人员的人,那些需要通过打压弱者来彰显自己身份的人,那些不懂得尊重他人的人,真的很丑陋。

## 03

有人曾说:"一个人修养的高低,往往不是表现在他对待上司、权贵、朋友的态度上,而是看他是否尊重比他地位低的人。"越是有修养的人,越没有身份感。

正如仓央嘉措所说:"我以为别人尊重我,是因为我很优秀。慢慢地,我明白了,别人尊重我,是因为别人很优秀。优秀的人更懂得尊重别人,对人恭敬,其实是在尊重你自己。"真正强大的人,从不把优越感写在脸上。他们对这个世界永远心怀善意,他们懂得尊重这个世界上的每一个人。

## 04

每张笑脸的背后,都有不为人知的心酸。根植于内心的修养,来自换位思考、将心比心,来自善意和悲悯。想看清一个人的人品和教养,就去看他如何对待其他人。

一位妈妈在给孩子买糖吃的途中,不小心剐蹭到一辆汽车,她主动选择了报警。车主在得知这位妈妈长期独自抚养两个孩子、经济情况并不乐观后,并不要她赔偿,而是说:"你请我吃颗糖吧。"从她手里拿了颗糖果后,车主便自行驾车离开了。

监控录像里,一群环卫工舍不得花钱多点个菜。一个年轻小伙子看到了,默默点了好几盘荤菜:"我请你们吃顿饭。"然后轻轻放下餐盘,转身走了。

## NO.6 余生,请将自律修炼成本能

火车站,一位老人因为不懂网购,花高价从黄牛那里买了车票,却过不了安检。他向工作人员乞求着:"我没钱了,我只想回家。"一名目睹这一幕的旅客,自掏腰包帮老人买了回家的票。拿到车票、可以顺利回家的老人,笑得像个单纯的孩子。

……

衡量一个人的人品,最根本的一点就在于,他是否懂得别人的不易,是否愿意尊重别人的卑微。所有谦卑待人的人,其实最终都是在尊重自己。

## 想拥有大格局，先别贪小便宜

### 01

一位著名的收藏家曾在节目上说过这样一件事。

这位收藏家家里的保姆有个坏习惯，总喜欢偷拿他们家的东西。她一般不拿值钱东西，而是喜欢偷偷摸摸地"顺"走一头蒜、两片姜、一包花生米什么的。一般人抓到保姆偷东西都会直接将其解聘，但这位收藏家没有，而是选择好好地跟她沟通："你如果需要什么，你可以拿，但是你得说一声。"但保姆还是屡教不改。

这样的人，也许物质上并不贫穷，但做事的格局实在令人不敢恭维。

什么是格局？格局，是一个人内在精神的直接反映，是一个人心胸气魄的体现。格局小的人，喜欢贪小便宜，内涵让人一望到底。

或多或少，我们身边都有这样的人：让舍友帮忙带饭却从来不付钱；去餐馆吃饭，为了免单故意挑刺、为难服务员；一次次若无其事地"顺"走办公室里的办公用品；为了省钱，总是让熟人帮忙修图、做翻译……骨子里的贪婪，让这些人的眼里除了眼前的利益，根本看不到其他。然而，很多时候，他们以为自己贪了小便宜，其实反而吃了大亏。贪便宜失去的是别人的信任，丧失的是自己的人品，而这些东西，是多少钱都买不回来的。

## 02

一个餐厅老板，无论营业额多高也不肯给员工加薪，理由是："万一我明年赚不到那么多钱了怎么办？"这使员工对他十分不满，工作的积极性也逐渐降低。

后来，这个老板又觉得每张餐桌上的免费酱油消耗太大，于是千方百计地买到了一种特制的酱油瓶。这种瓶子很难倒出酱油,只有用力甩动才能勉强流出几滴。老板很开心,觉得终于可以节省酱油的开支了。

然而,一个月后,他在店内盘点时发现,酱油的用量不但没有减少,反而大幅度上升。老板难以置信,在店内观察了几天客人们的用餐情况,终于弄清了原因。原来,客人们倒不出酱油,就索性把盖子拧开,直接从瓶口把酱油倒进碟子里——自然更浪费了。

目光短浅、眼界狭窄、斤斤计较,让这个老板作茧自缚,损失得更多。

有人说:"你在乎的,往往能反映出你的水平。"格局小的人,成天纠缠于鸡毛蒜皮的琐事,无法专注于真正重要的人生命题。

有一部电影,叫《28岁未成年》。片中男主角茅亮向一个卖猪肉的大叔买回原本属于自己的平板电脑,但由于没带够钱,就恳求大叔便宜点。大叔想了一会儿,答应了,却在平板电脑上砍了一刀,说:"这回值这个价了。"像剧中卖猪肉的大叔这样的人,我们很难说他有大的格局。

一个人若只顾着计较眼前的蝇头小利,相信很难会有大的成就。层次越高的人，计较得反而越少，因为他们的时间和精力，都花在了更重要的事情上。

一叶障目，盯着小钱不肯放手，不舍得在其他更有价值的资源上投资一分一毫，随之失去的只会是更多的成长机会。

## 03

有一年春节，一名演员到片场开工，非常贴心地给没有回家过年的工作人员和群演们发了红包。没想到，有人居然很嫌弃地说："真是小气，每个人才包了200元，还以为有多少呢。"

开工红包无论钱多钱少，图的是吉利和心意。演员赚的钱再多，也没有义务给所有人送钱。送是情分，不送是本分。有句话说得好："不要把别人对你的情分，当作你的福分；不要把别人对你的客气，当作你的福气；不要把别人对你的包容，当作你要无赖的资本。"

这让我想起了之前看过的一条新闻。

一家馒头店的老板，看到环卫工人扫冰铲雪的新闻后很受感动，于是挂出招牌：环卫工凭工作证可以免费领馒头。

一时间,来领爱心馒头的环卫工人络绎不绝。

然而,环卫公司领导检查工作时发现,有一些环卫工人工作时间不在岗,排队去领馒头。公司领导和馒头店老板沟通,将免费送馒头的时间改为每天中午11点半到下午1点环卫工人交接班的时间。

时间缩短后,有些环卫工人开始不满了,馒头店的工作量也增大了。刚开始,小店每天为每个环卫工人免费送5个馒头,坚持了10多天以后,实在吃不消,不得不改为3个。于是就有人吵闹:"不给馒头就是侵犯权益!""我不要馒头了,你把钱补给我吧!"……甚至连已经退休的环卫工人都跑来要求给予现金补偿。

老板娘气哭了,她不明白,为什么自己掏钱做好事,反倒要挨骂。

格局小的人,总是将别人的善意当作理所应当的付出,满眼只有自己的利益,他们总是哀叹和抱怨自己的不幸,忌妒和咒骂他人的财富。他们肆无忌惮地消费别人的善良,将半世的不如意都怪罪在别人身上。最不可试探的就是这类人的心，因为它可能会让你绝望。

## 04

心理学上有这样一个词，叫"隧道视野效应"。其大意是，一个人如果身处隧道，视野能看到的就只是前后非常狭窄的范围。格局小的人，目光短浅，看不出事物之间的因果联系，更可能庸碌无为地度过一生。格局大的人，总能适时地放弃微小利益，以获得更大利益。就像电影《一代宗师》中所说的人生的三重境界：见自己，见天地，见众生。若想让自己拥有更开阔的思路和更长远的眼光，就应该站在高处、站在开阔的地方，去拓展眼界、增长见识。

人生充满了无数种可能性，而格局大小则是这些可能性能否实现的限制因素。后天的培养和教育，可以让一个人拥有更大的格局。作家路金波说过："千万不要只给你的孩子塑造一个世俗的、眼下的、渺小的世界。要从小给他看星空、海洋、恐龙、神话、圣贤。这样，等他长大的时候，他就有足够的胸怀容忍各种无趣的生活。"

> 自律的人生更自由

## 05

愿你也能读更多的书，遇见更美的风景，不为眼前的得失而斤斤计较，不为一时的失意而纠结难平。提升自己的眼界和格局，你才能拥有更多可能性。

## 摒弃病态的宽容,别做伪善的"好人"

### 01

有人总结了中国式的八大宽容:"大过年的""人都死了""来都来了""都不容易""还是孩子""岁数大了""为了你好""习惯就好"。

有这样一类人,他们永远置身事外,却喜欢指指点点。他们不顾事实地偏袒弱者,以近乎病态的宽容来满足自身的道德优越感。他们习惯称自己为胸怀宽广的"好人",然而,实际上他们却是最可怕的一群人。

> 自律的人生更自由

## 02

有知乎网友分享了她遇到过的一件事。

那时候的她很忙,几乎没有时间吃午饭,如果外卖超过12:15还没送到,她就一口都吃不上了。所以她每次都会提前下单、写好备注。

有一次,她在中午11点的时候点了份外卖,选的是附近的一家蔬菜沙拉店。结果,外卖员很早就点了"送达",可直到12:15都没有送到。她打电话过去问,外卖员说:"附近还有几份外卖要送,送完就到你。"她决定不要了,退单。外卖员说:"不行,都快送到了,你体谅一下。"她气愤地说:"体谅什么?我都饿得胃痛了!而且蔬菜沙拉沤了那么久还能吃吗?"外卖员说:"你这人怎么这样,我们送餐容易吗?"她说:"谁的工作容易?"没等她说完,外卖员就挂了电话。

由于实在郁闷,她就在微博上跟网友们讲述了这件事,结果被一群网友狂骂:"随便取消订单,害别人被罚款,你说你素质怎么这么低?""送餐不容易,宽容点儿多好,你这么狭隘,小心以后没好报。""一看就知道你心肠不好,根本不

## NO.6 余生，请将自律修炼成本能

懂体谅！"……

对那些伤害我们的行为，我们当然有权利生气、维权。然而总有些伪善的"好人"，喜欢奉劝别人要宽容，要善良，要以和为贵。

有人说过一句话："不明白任何情况就劝你一定要大度的人，你要离他远一点儿。因为雷劈他的时候会连累到你。"你根本就不了解我经历过什么，就擅自站在道德高地上批判我，谁给你的资格？

## 03

一直记得曾经发生过的一件让我觉得很不舒服的事。

我和朋友在闹市区逛街，突然被人拍了下肩膀，回头一看，一个男孩手持讨饭工具，咿咿呀呀地不断冲我比画，示意我捐钱。因为我当时还在读高中，经济并不独立，也没有多余的钱资助别人，所以我一时愣在当场，尴尬得手足无措。

看到我犹豫的样子，一个看热闹的路人开口了："小姑娘，你能不能有点爱心，人家是聋哑人。"旁边一个大妈也附和道："就是，人家大热天出门讨生活不容易，你多少也该捐

点儿吧！"听到这些话，我心里更不舒服了：这是赤裸裸的道德绑架呀！

不讲道理、没有原则地提倡善良，以讲道德、献爱心的名义要求别人，自己却无动于衷，这类人，只配被称为伪善的"好人"。

如果留心观察，你会发现这样的场景在生活中特别常见。

你去电影院看电影，坐在后面的小孩一刻不停地踢你的椅背，甚至把爆米花撒在你的头发上。你忍无可忍地回头，周围的人却劝你："算了算了，他还是个孩子，跟孩子计较什么呢？"

你去超市买东西，结账的时候，一个老人若无其事地在你前面插队。如果你和他理论，很有可能会有人站出来说："尊敬老人都不懂吗？你也会有老的一天，给自己积点德吧。"

无底线、无原则地劝别人包容、原谅，是一种彻头彻尾的伪善。

## 04

一女生在火车卧铺上睡觉，对面铺位的男子两次把手伸进她的被窝里对她进行猥亵。女生醒来后又惊又怕,马上去找乘警求救,而那个男子一个劲儿地说:"我还是学生,不是故意的……"旁边的几个阿姨居然也跟着劝她:"姑娘,算了吧,闹大了他就没法上学了。"

算了吧?凭什么?奉劝别人要宽容、原谅固然容易,但为什么不能站在受害者的立场上考虑一下呢?

无论你的利益已经被侵犯到了何种程度,无论你有多绝望、多不好受,总会有人站出来,打着善良的幌子让你大度,让你忍忍。

丈夫出轨、家暴,如果女人想要离婚,必定会有人装作过来人的样子劝解:"为了家庭就忍忍吧,你看孩子还那么小。"

一群人打着"闹伴娘"的幌子,对伴娘又摸又抱,实施猥亵,伴娘不堪其辱要报警,却有人出来打圆场:"大喜的日子,没必要当真嘛。""就是图个喜庆,没什么大不了的。"

……

这种伪善的"宽容",不但会让当事者更加痛苦,更是滋长恶行的根源。

电影《驴得水》里有这样一句台词:"凭什么拿你的道德

标准来绑架我的利益？道德从古至今都是拿来律己的，法律才是律人的，不懂道德的人才会用道德律人。"

世界上根本没有"感同身受"这回事，针没刺到自己身上，没有人知道有多痛。

## 05

伪宽容的本质，说白了就是"慷他人之慨"。

因为调皮的孩子没有欺负到自己头上，所以就劝别人"别跟孩子计较"；因为跳广场舞的大妈没有把高音喇叭放在自己家楼下，所以才敢说"要尊敬老人"；因为自己不想捐钱，所以就在明星微博底下留言"赚那么多钱也不多捐点儿？真小气"……表面上有一颗仁慈之心，什么事情都爱站在道德制高点上评价别人，可当自己真正处于事件中心，成了当事人，却又换成另一副嘴脸。

善良不是要求别人做什么，而是知道自己应该做什么。真正有修养的人，从不会对别人的生活指手画脚。没有经历过同样的伤痛，凭什么打着善良、大度的旗号，帮别人做决定呢？

## NO.6 余生,请将自律修炼成本能

己所不欲,勿施于人。不要再以太阳的名义,在黑暗中公开掠夺。盲目的善良、没有原则的大度,毫无逻辑地肆意干涉别人的人生,往往比作恶更可怕。

[自律的人生更自由]

## 愿你多为他人着想,培植最基本的教养

### 01

一女生和朋友去一家餐厅吃饭,毫无防备地落座后,突然感到臀部一阵刺痛。女生觉得不对劲,在朋友的陪伴下去洗手间查看,没想到,其臀部上扎的异物,竟是一根牙签。店家马上带女生去医院打了破伤风针。后来调取监控发现,沙发上的牙签,竟是一个小孩故意插上去的。监控中的小孩拿起一罐牙签,开心地在沙发上插了一根又一根。他根本不知道,自己的恶作剧会给别人带来多大的伤害。父母的放任,使得顽劣的孩子有恃无恐地作恶,丝毫不会为他人着想。有人说:"每一个有恃无恐的孩子背后,大多都站着一个或几个

没素质的家长。"

有网友发帖称,一个阿姨带着孩子去她家谈事情。嫌孩子在旁边吵,那个阿姨就让孩子自己去玩。结果孩子进了这网友的房间,拿起口红到处乱画。柜子上、桌子上、手表上,甚至连自己平时精心收集的偶像画册上,都被画满了;所有的口红都被弄断了,一排彩色铅笔也被小刀切得面目全非。

事后,她在微信上跟这个阿姨沟通,阿姨却拿出了"万能金句"来搪塞:"不好意思啊,小孩子不懂事。"当该网友要求小孩道歉时,这个阿姨竟说:"这不是也没什么大事嘛,回头给你买点零食做补偿。"后来这阿姨更是失去了耐心,直接出言侮辱:"还是个学生就用口红,还有没有点学生的样子?也不知道你爸妈平时都是怎么教育你的!"有这样一个母亲,那个孩子的没礼貌行为倒是一点都不令人觉得奇怪了。

## 02

"他还是个孩子,你让一让他呗。""小孩子不懂事,你别跟他计较。"听到家长的"万能金句",大部分人只能打碎牙齿和血吞,自己默默承受一切委屈。

在某些家长眼中,孩子是天真无邪的,一切过错都可以被原谅。然而,孩子的恶举到底会导致多恐怖的后果呢?

某地,一个小男孩正在屋里看电视。因为嫌楼外施工的电钻声太吵,他就用小刀将施工人员身上的安全绳割断。

一个小男孩和妈妈在地铁站等地铁,嚷着要吃旁边一个姑娘手里的鸡排。姑娘没理他,男孩生气了,在地铁快进站的时候,狠狠地把姑娘推向了轨道。

……

我们身边,发生过不少这样的事情。

古人告诉我们"人之初,性本善",可是,央视纪录片《镜子》则诠释了孩子成长与家庭教育之间的关系。其中有一句台词如是说:"每个孩子生下来都是一张白纸,父母就是作画的人。白纸变成什么样,关键在父母。"

有太多的父母,习惯包庇自己的孩子,任由孩子胡作非为、教养缺失。这类家长,本身就是"巨婴"。他们说话做事总是以自我为中心,不会换位思考,没有同理心。他们的言行举止就像一记烙印,深深地印刻在孩子的眼中、心上。

## 03

优质的教养，需要一个润物细无声的过程。

有一次坐高铁，遇到一件暖心的小事。

我坐在靠近过道的位置上，中间坐了一个6岁左右的小男孩，靠窗的位置坐的是他的妈妈。看到小孩的瞬间，我的内心是绝望的："完了，旁边怎么是个小孩啊！这一路别想好好休息了。"

出人意料的是，小男孩一点也不吵，一直很安静地坐在自己的位置上看画册。我闭目养神的时候，听到小孩用很小的声音对他妈妈说："妈妈，我可以吃饼干吗？"他妈妈轻声细语地说："可以，但是要小声点吃哦，不然会吵到旁边睡觉的姐姐。"于是，小孩轻轻地撕开食品包装袋，小心翼翼地咀嚼饼干。快吃完的时候，小家伙不小心把包装袋弄掉到了地上，洒出了点饼干屑。他妈妈立即拿出一包湿纸巾，让他把地上和座位上的饼干屑清理干净。小家伙很自然地蹲在地上，认真地、一点一点地清理掉了碎屑。

什么是深到骨子里的教养？也许作家梁晓声的这句话就

足以概括:"根植于内心的修养,无需提醒的自觉,以约束为前提的自由,为别人着想的善良。"

一个有教养的人,懂得换位思考,能够设身处地地理解他人,不给别人添麻烦。许多人做事都是习惯以自我为中心的,但只有学会为他人着想,这个世界才会少一点戾气,多一点温暖。

## 04

子贡曾问孔子:"有什么话是可以奉行终生的吗?"孔子回答:"那就是恕吧。己所不欲,勿施于人。"

真正有教养的人,懂得站在别人的角度上,体会他人的情绪和想法,理解他人的立场和感受。好想问问某些教养缺失的孩子和维护他们的家长:"换作是你,你愿意开开心心地去外面吃饭时,屁股上被扎一根牙签吗?换作是你,你愿意让自己宝贵的口红、偶像的照片被乱涂乱画,还被讽刺侮辱吗?换作是你,你愿意坐飞机被无限骚扰、看电影被一直踢椅背、排队时被理直气壮地插队吗?"

愿你我都能懂得换位思考,多为他人着想一下,拥有根植于内心的教养。

## 随时纠正坏习惯，你会蜕变成最好的模样

### 01

南京一名年轻女孩小可，有段时间一直宅在家里。除了上厕所、吃饭、拿快递，她几乎都不下床。5天之后，她觉得整个人都不对劲了：先是腹部持续发疼，后来左腿发紫肿胀，不但弯曲不了，而且疼得睡不着觉，到后来甚至不能自如行动，每走一步路都需要人搀扶……

小可去医院检查得知，自己的下肢竟然患了静脉血栓。医生说，她的左腿比右腿粗了足足7厘米。才20多岁的她，如果不把这条腿治好，未来若干年她的生活质量就会受到影响。医生还说，如果她再多躺几天，没有及时就医，后果更是不

堪设想——这极有可能造成肺栓塞，或因血栓后综合征猝死。

谁能想到，仅仅因为在家宅5天，一个年轻女孩的生命，就面临了严重威胁。

而当代大多数年轻人的日常生活，不就是这样吗？终日在垃圾食品中寻找快乐；放弃健身，成天躺在床上玩手机，现实生活中能说上话的人却寥寥无几；一边喊着要早睡，一边肆无忌惮地熬夜，殊不知疾病已经蠢蠢欲动……

年轻人，这些危险行为，你还要继续多久？

## 02

30多岁的王先生是一名设计师，白天需要在电脑前久坐，不断修改自己的设计方案，晚上回到家也是坐在电脑前长时间打网络游戏。他每天在电脑前坐着的时间早已超过12个小时。这样的生活状态持续不久，王先生发现自己的腿肿了，还时不时地胸痛。到医院检查后才得知，自己已经患上了肺栓塞，病情凶险，需立即治疗。

久坐这件事，上班族几乎每时每刻都在做。英国一项研究显示，人们每天醒来后，有60%以上的时间是坐着度过的，

## NO.6 余生，请将自律修炼成本能

平均每人每天保持坐姿9小时以上。然而，你知道久坐可能会引发哪些身体问题吗？

据世界卫生组织报告，每年有200多万人因久坐少动而死亡。久坐，不但会引起肩颈疼、腰背疼、肥胖、癌症和2型糖尿病，还可能导致猝死。

2017年，某地一年轻小伙叫上朋友到家里打麻将，一连打了10多个小时，他在久坐的过程中突然昏厥，险些送命；2018年，21岁的某大学在校生在网吧写毕业论文，久坐后突发抽搐，心梗猝死；2018年，一名年轻的女记者，崴脚后没几天，突然昏迷不醒，12天后，经抢救无效死亡，而她死亡的原因，竟是崴脚后久坐不动，引发了肺栓塞……

美国的一项调查研究显示：久坐1小时的危害等同于吸2根烟，可减寿22分钟。更可怕的是，人每天久坐的危害，是下班后运动也无法弥补的。所以，请重视久坐的危害，养成多站立、多走动的习惯吧！

## 03

国外有个叫摩根的青年，有天突发奇想：连续吃30天的

> 自律的人生更自由

垃圾食品会怎么样？于是，他开始拿自己当实验品，拍摄了自己接下来30天的变化：汉堡、薯条、可乐……摩根毫无节制地吃着这些高糖、高盐、高油、高热量的食物。

第5天，摩根胖了八九斤。第7天，他开始觉得胸闷，与此同时，他不得不把腰带往后挪了一格。第10天，他胖了十五斤。到了第17天，摩根感到浑身乏力，只能尽可能地躺着。第21天，他感到头疼、心情抑郁、呼吸困难、心律不齐。第27天，他连上楼梯都变得困难。第30天，实验终于结束了，可摩根也落下了一身疾病：身上猛增了三十斤肥肉，并得了脂肪肝、胆固醇、尿酸指数飙升，冠心病和心力衰竭的概率提高了一倍，对垃圾食品严重成瘾，不吃就会头痛……整个人的精神状态也变得消沉不堪。

与他形成对比的是另一个女生爱丽维娅。爱丽维娅原本也是特别喜欢胡吃海塞的一个人，直到她发现自己脸上长满了痘痘，体重也逐渐上升时，她对生活非常失望。终于，她决定开始改变了。她戒掉了每天吃垃圾食品的坏习惯，开始尝试健康的食物：全麦吐司、牛油果、蔬菜、坚果、鸡胸肉、水煮蛋……她发现，这些吃得越多，她对垃圾食品的渴望就越低。

## NO.6 余生，请将自律修炼成本能

一段时间过去了，爱丽维娅整个人都蜕变了：皮肤光滑干净，身体轻盈而充满活力，心态也阳光自信了。

在垃圾食品面前，很多人无法抗拒多巴胺的诱惑：明知道它们对自己的身体有害无益，却还是忍不住在深夜一次次失控。持续无节制地吃垃圾食品，只会让我们远离健康，变得臃肿难看，甚至疾病缠身。

## 04

一名20多岁的女大学生，右眼暴盲。悲剧发生的原因，只是她连续两个月在黑暗中熬夜玩手机。

无独有偶。江苏的毛小姐，也因熬夜追剧导致眼睛出了问题。原来，国庆假期期间，她根本没踏出过家门，一连七天都在熬夜看电视剧。好不容易躺下休息时，也是手机不离手，玩电子游戏、看短视频……在这期间，她时不时地感觉左眼视物模糊。去医院一查，她被诊断出"眼中风"，原本视力1.2的左眼近乎失明。

眼中风，是视网膜动脉阻塞引起的。医生说，毛小姐的视力受损是其长期使用电子产品，加上气温降低使得血管收

缩，血栓堵塞了视网膜的中央动脉导致的。

有调查研究显示：中国人每天用在手机上的平均时间为5小时。经常盯着手机看，眼睛会不可避免地疲劳、怕光、流泪、发痒、酸胀，患上干眼症；而晚上在关灯的环境里玩手机，时间长了很可能会得青光眼，甚至有永久失明的风险。

你以为你是因为睡不着觉才熬夜玩手机，其实是因为玩手机才让你睡不着觉。电子产品发出的蓝光，会让身体产生错觉，进而发出信号："现在是白天，不要睡了，快起来玩啊！"于是，在本该睡觉的时间，身体却越来越清醒。久而久之，精神不振、视力下降、变胖、衰老等问题通通都会找上门来。而且，若长时间在床上玩手机，姿势不当甚至还有偏瘫的风险。

## 05

有人曾发出过这样的感慨："我24岁，没有目标，没有理想，碌碌无为。上班没激情，下班吃着垃圾食品玩手机。不想社交，不爱运动，体重飙升。颜值下降，没有对象，每天都很焦虑。我终究活成了自己曾经讨厌的样子。"

## NO.6 余生,请将自律修炼成本能

多少年轻人,嘴里说着要改变现状,却依然活得浑浑噩噩。人生只有一次,不要等到健康"额度"告急、生命遭遇厄运,才懊悔之前为什么没有好好生活。愿你我都能戒掉生活中的坏习惯,蜕变成自己喜欢的样子。